P9-BYF-208

# REFRANES USADOS
# EN PUERTO RICO

# MARÍA ELISA DÍAZ RIVERA

# REFRANES USADOS EN PUERTO RICO

## SEGUNDA EDICIÓN
### REVISADA Y AUMENTADA

EDITORIAL DE LA UNIVERSIDAD
DE PUERTO RICO

Primera edición, 1984
Reimpresión, 1986
Segunda edición revisada, 1994, 1995, 1997

©1984, 1994 Universidad de Puerto Rico
Todos los derechos reservados según la ley

Catalogación de la Biblioteca del Congreso
Library of Congress Cataloging-in-Publication Data

Díaz Rivera, María Elisa
    Refranes más usados en Puerto Rico / María Elisa Díaz Rivera.
2. ed. rev. y aum.
    p. cm.
    Includes bibliographical references (p.) and index
    ISBN 0-8477--0215-4
1. Proverbs, Spanish–Puerto Rico. 2. Folklore–Puerto Rico.
3. Puerto Rico–Social life and customs. I. Title.
PN6495, P9D52  1994
398.9'61'097295–dc20                                          94-11043
                                                             CIP

Portada: José L. Cortés
Tipografía y diseño: José Luis Díaz

Impreso en los Estados Unidos de América
Printed in the United States of America

EDITORIAL DE LA UNIVERSIDAD DE PUERTO RICO
P.O. Box 23322, San Juan, Puerto Rico 00931-3322
Administración:    Tel. (787) 250-0550     Fax (787) 753-9116
Dpto. de Ventas:   Tel. (787) 758-8345     Fax (787) 751-8785

# CONTENIDO

# RECONOCIMIENTOS

Esta obra ha podido realizarse gracias a la ayuda ofrecida por varias personas que tuvieron la generosidad de suministrarme refranes, tanto en forma oral como por escrito. Adeudo por ello una gratitud muy especial a las señoras: Eva Raffucci de Blanco, de la ciudad de Ponce; Carmen Sepúlveda de Olivencia, de Arecibo; Laura Honoré de Cuevas, de Mayagüez; Antonia Rivera de Mansilla, de Humacao; Rosa Marchesse de González Silva, de Lares; Delia Alomar de Mariota, de San Juan; a mi sobrina carnal señora Elisa Cumpiano de Lluesma y a mi querida madre, la Doctora en Medicina, Elisa Rivera de Díaz, quien con tanto celo y entusiasmo aportó un gran número de los refranes.

Merecen un reconocimiento particular las señoras Conchita Díaz de Cumpiano, Ligia Vázquez de Rodríguez, Antonia Suárez de Ortiz, Carmen Fidelina Quiñones de Rodríguez y las señoritas Juanita Carrillo y Ramonita Santana Maíz por su colaboración entusiasta en la revisión del texto.

Debo agradecer también a la señora Gloria Madrazo, Editora Jefe de la Editorial de la Universidad de Puerto por su gentil y acogedora cooperación en esta segunda edición. Al señor Jesús Tomé, Editor de la Editorial mencionada, debo dar unas gracias expresivas y sinceras por su estimulante interés en los mensajes de los refranes y por su entusiasta inquietud respecto a la corrección y claridad de la redacción, o interpretación de estos.

Es objeto, además, de mi agradecimiento más sincero la excelente mecanógrafa, señora Carmen Sanjurjo por haberme ayudado de nuevo en la preparación de esta segunda edición.

# INTRODUCCIÓN A LA SEGUNDA EDICIÓN

Al finalizar la preparación de la primera edición de esta obra en el año 1984, la autora se percató de que podía recopilar muchos más refranes usados en Puerto Rico, por lo cual se dio de lleno a la tarea de así hacerlo. Su entusiasmo por los refranes se había incrementado mediante sus atisbos en los contenidos y formas de expresión de estos. Los refranes, cada cual en su estilo desde el más solemne hasta el pícaro o jocoso, expresan actitudes valorativas del pueblo puertorriqueño, o sea, comunican los valores sociales de nuestra gente. Luis Martínez Kreisler, de la Real Academia Española, define el refrán como un "chispazo del entendimiento" y comenta que:

> ...los refranes encierran un cuerpo de doctrina que no es proclamada en las aulas de ningún centro universitario; pretenden aleccionarnos sin título ni birrete; brotan de las brasas de un hogar pueblerino... les falta empaque y distinción; son hijos expósitos sin padres conocidos; no pueden pretender entrar en los saraos del idioma...[1]

Esta segunda edición de *Refranes usados en Puerto Rico* incluye los 542 refranes que se publicaron en la primera edición, más 458 refranes que se han añadido. Estos refranes adicionales fueron

---

[1] Martínez Kreisler, Luis. *Refranero General Ideológico Español,* Edición Facsímil. Editorial Hernando, Madrid: 1986, citado por Cristóbal Sarrias, *Vida Nueva,* Número 1576, 11 de abril de 1987, Madrid, p. 51 (839).

compilados por la autora durante los años 1985, 1986 y 1987, para alcanzar así el gran total de los mil refranes que se presentan en esta segunda edición.

## Trasfondo histórico

Esta monografía no tiene la pretensión de ser una contribución erudita de carácter paremiológico. Aspira sólo a fomentar el interés por el estudio o investigación rigurosa de los refranes que se escuchan y leen en Puerto Rico desde varios marcos conceptuales, sobre todo el lingüístico y antropológico.

La autora se interesó en la recopilación y auscultación de los refranes populares en las postrimerías del año 1977 en colaboración con su hermana Conchita Díaz de Cumpiano, puertorriqueña como la autora, nacidas y criadas ambas en el pueblo de Manatí, conocido como la Atenas de Puerto Rico. La chispa de la curiosidad prendió en la celebración en familia de la Nochebuena de 1976. Se había programado con un grupo de ocho niños, sobrinos y nietos, para la presentación de unas charadas en las cuales habrían de interpretar, individualmente, varios refranes por medio de la pantomima. Se preparó una lista por escrito la cual fue la primera de las muchas otras que la habían de seguir.

Resultó sumamente interesante para grandes y chicos la dramatización muda, espontánea y creativa con la que aquellos niños interpretaron los mensajes refraneros. Gustó particularmente el ingenio y gracia a que recurrió una de las niñas para comunicar al público que: "el tuerto es rey en el país de los ciegos".

La señora Díaz de Cumpiano comenzó la compilación de los refranes, siendo la misma continuada luego por la autora. Esta tarea ha revelado que las personas que conocen más sobre los refranes en Puerto Rico parecen ser los adultos de mediana edad (entre los 40 y 60 años) y las personas de edad avanzada (mayores de 61 años). Tal observación ha preocupado grandemente a la autora al suponer, entonces, que la nueva generación, aquella menor de 39 años está apenas familiarizada con tal modalidad en el vernáculo del país.

Este supuesto representa para el ciudadano una pérdida lamentable de experiencias en el pensar, sentir y decir que bien pueden abonar al desarrollo de la personalidad puertorriqueña. El uso de los refranes, en su mayoría, exige la observación del comportamiento humano ante una gran diversidad de situaciones del vivir diario. Sus contenidos, o sea, los mensajes o sentencias, salvo raras excepciones, son ricos en la sabiduría o sentido común del pueblo. Aunque expresados con elegante sencillez o en metáfora atractiva, son fáciles de recordar, pegajosos y por ende dúctiles a ser incorporados por la persona, no solamente al nivel intelectual del comportamiento, sino también al emocional y social.

## Marco de referencia

El *Diccionario* de la Real Academia Española define el refrán como sigue:

Refrán: *Dicho agudo y silencioso de uso común.*[1]

El componente esencial de este vocablo es la sentencia, o sea, un dictamen breve que encierra una posición filosófica. Se trató de establecer la diferenciación entre el refrán y el dicho popular o modismo a base de la inclusión o exclusión de tal pronunciamiento. De manera que los refranes que se han compilado en este trabajo incluyen explícita o implícitamente una opinión sentenciosa de peso grave. Así, pues, se descartaron aquellos dichos en los que no se creyó encontrar tal opinión. La autora desea esclarecer que entiende por la posición filosófica del refrán la intención o esfuerzo por explicar las maneras de ser de las gentes, particularmente las actitudes valorativas, pero deliberadamente se ha inhibido de analizar tal posición, es decir, de entrar en interpretaciones de índole ética o moral. El lector podrá decidir, a la luz de sus propios principios, sobre el bien y el mal, con sus grados intermedios, si está de acuerdo o no con el fallo o la

---

[1] *Diccionario de la Lengua Española.* Madrid: Real Academia Española, 1970, p. 1120.

3

sentencia refranera, si considera o no que las palabras encierran una verdad, una falsedad, u otros juicios.

La autora ha observado a la luz de su discernimiento personal, que el uso del refrán tiene un carácter selectivo dual, por la ocasión y la propiedad con que el usuario utiliza el mismo.

## Propósitos específicos

La autora decidió realizar esta obra con los propósitos siguientes:

1. Propagar y estimular el uso de refranes en el país.

2. Hacer llegar un número de refranes a personas a quienes no les son familiares, para que los conozcan, aprecien, aprendan y deriven de sus sentencias una rica sapiencia.

3. Servir como referencia, para maestros y alumnos en el salón de clases a distintos niveles de educación, para el estudio o la investigación de refranes, a la luz de objetivos educativos diversos y a tono con experiencias de aprendizaje diseñadas pertinentemente.

## Metodología

En esta segunda edición se incluyen mil refranes compilados mayormente en su versión oral, según los dice la gente, aunque un buen número fue obtenido en forma escrita, habiendo sido suministrados por diversas personas y mediante la lectura de los periódicos.

Las fuentes de información utilizadas en la recopilación han sido las amistades y parientes de la autora y la prensa. Merece una mención especial el señor Eugenio Rivera Belardo de cuya columna "Panorama" en el periódico *El Mundo,* se obtuvieron los ocho refranes que a continuación se indican por fechas y páginas de publicación:

El 15 de junio de 1986, en la página 84: *Sale más caro el candil que la vela.*

4

El 29 de junio de 1986, en la página 78: *La hizo un alemán y la pagó un francés* y *Está soñando con pajaritos preñados*.

El 13 de julio de 1986, en la página 68: *Casa de dos puertas mala es de guardar;* *Cuando el mal de uno es nuevo, el del otro es viejo. Lo ajeno llora por su dueño* y *Yo no me crié con leche pedida*.

El 10 de agosto de 1986, en la página 67: *Barco parado no gana flete*.

Se observará más adelante en términos de estilo que algunos refranes están expresados en poesía y otros en prosa. Se desea advertir, como se notará también en el contexto de algunos refranes, que el mensaje o sus ideas son a veces expuestos en maneras diferentes, como por ejemplo: *El que a hierro mata no puede morir a sombrillazos,* o *El que a hierro mata a hierro muere*. Es preciso, además, hacer la salvedad de que la interpretación de algunos refranes puede sufrir alteraciones bajo la influencia de la región o pueblo de donde procede la persona que los oye o que los usa.

Se eliminaron de la compilación aquellos refranes que resultan ser casi citas bíblicas directas, como por ejemplo: *Dad al César lo que es del César y a Dios lo que es de Dios*. Se consideró que los mismos no constituían ni en substancia, ni en forma, una creación de carácter popular. Fueron excluidos, además, aquellos refranes que, a juicio de la autora, eran malsonantes o de poco gusto, aunque sí se incluyeron unos pocos de tonalidad, quizás, algo picaresca.

La autora, luego de recoger los refranes, consideró pertinente realizar un análisis interpretativo del contenido de cada uno de ellos. Tal tarea abarcó los procedimientos siguientes:

1. Una vez estudiada la sentencia de cada refrán se interpretó ésta por escrito en forma breve.

2. Se pasó entonces a identificar en cada uno el concepto o idea básica. Se presumió que este marco de referencia servía de anclaje al mensaje que ha sido codificado en la versión de un

refrán. Estas conceptualizaciones hacen referencia, frecuentemente, a actitudes valorativas sobre el comportamiento humano. Tales actitudes son expresadas en términos positivos o negativos, como por ejemplo la prudencia o la imprudencia, respectivamente.

3. Se examinó luego la frecuencia en que aparecían los conceptos matrices de los refranes, pues se tenía sumo interés en descubrir cuáles eran los más o los menos frecuentes.

4. Realizada tal labor se agruparon o clasificaron los refranes, primero en orden alfabético de acuerdo con la primera letra del concepto fundamental identificado y luego alfabética y numéricamente según la primera letra de cada refrán.

5. A los fines de corregir cualquier error en la objetividad del juicio de la autora tanto en su interpretación del mensaje sentencioso como en la identificación de su conceptualización básica, se utilizaron cinco personas a manera de jueces, siendo éstas, las señoras Conchita Díaz de Cumpiano, Ligia Vázquez de Rodríguez y Antonia Suárez de Ortiz y las señoritas Ramonita Santana Maíz y Juanita Carrillo. Todas ellas son naturales de Puerto Rico conocedoras de la cultura del país y estudiosas de su idiosincrasia como pueblo.

Las enmiendas sugeridas por las cinco jueces mencionadas fueron incorporadas al texto de las interpretaciones que así lo requirieron.

## Hallazgos sobresalientes

En relación con los mil refranes reunidos por la autora se identificó un total de 246 conceptos básicos que, como se ha dicho antes, sirven de eje a la sentencia refranera. Al estudiarse la frecuencia en que tales conceptos aparecían, es decir si se repetían o no en el total de los refranes, se encontró que 55 tenían frecuencias de seis o más.

A continuación se ofrece una presentación sobre los mismos, en la cual se ha utilizado el orden de frecuencia, en lugar del orden alfabético, de los conceptos identificados.

| Concepto | Frecuencia |
|---|---|
| 1. Esfuerzo | 42 |
| 2. Consecuencia | 39 |
| 3. Prudencia | 34 |
| 4. Conformidad | 24 |
| 5. Desconfianza | 18 |
| 6. Persistencia | 14 |
| 7. Apariencia | 13 |
| 8. Discernimiento | 13 |
| 9. Experiencia | 12 |
| 10. Complicación | 12 |
| 11. Merecimiento | 12 |
| 12. Tiempo | 12 |
| 13. Oportunidad | 11 |
| 14. Poder | 11 |
| 15. Realidad | 11 |
| 16. Advertencia | 10 |
| 17. Herencia | 10 |
| 18. Percepción | 10 |
| 19. Egoísmo | 9 |
| 20. Ejemplo | 9 |
| 21. Imprudencia | 9 |
| 22. Aptitud | 9 |
| 23. Castigo | 8 |
| 24. Engaño | 8 |
| 25. Fracaso | 8 |
| 26. Igualdad | 8 |
| 27. Imposibilidad | 8 |
| 28. Ponderación | 8 |
| 29. Sospecha | 8 |
| 30. Selectividad | 7 |

De esta presentación se excluyeron los 191 conceptos básicos restantes por considerar que sus frecuencias eran menos significativas por abarcar del uno al cinco.[1]

_____

[1]El lector interesado en el detalle específico refiérase al Anejo Número I, *Frecuencias de Conceptos Básicos.*

El análisis de las frecuencias de los conceptos básicos en la totalidad de los mil refranes reveló que aquellos que obtuvieron las frecuencias más altas, o sea de 15 ó más, fueron las siguientes: el esfuerzo, la consecuencia, la prudencia, la conformidad y la desconfianza.

La autora considera que los hallazgos anteriores son sumamente reveladores; sin embargo, se ha abstenido deliberadamente de ofrecer explicaciones o conclusiones sobre los mismos. Los percibe meramente como pinceladas o contornos de fuerte colorido con que trazar un perfil de las gentes de Puerto Rico, dentro del suave marco azul de su cielo y el rico verdor de su suelo.

Al concluir, sin embargo, la autora pide al lector que siga adelante propagando los refranes como semillas culturales del país y que continúe escudriñando la sabiduría popular de estos, para su propio beneficio y de aquellos que le rodean.

*María Elisa Díaz Rivera*

# CLASIFICACIÓN DE LOS REFRANES

## Abatimiento

1. *Cuando se está hundiendo el barco*
   *salen todas las ratas.*
   A una situación humana críticamente destructiva pueden
   añadirse elementos que en vez de disminuir aumentan su
   gravedad.

2. *Como quiera que me ponga tengo que llorar.*
   Constituye un triste lamento, debido a que la persona en
   repetidas ocasiones no ha podido resolver favorablemente el
   problema o los problemas dolorosos en que se va encontrando.

3. *Lo que no va en lágrimas va en suspiros.*
   Estas palabras explican que las personas se aflijen cuando lo
   que han ahorrado en una cosa, lo han perdido en otra.

4. *La Magdalena no está como para tafetas.*
   Este refrán hace referencia mediante el llanto de la Magdalena
   a una persona tan acongojada o deprimida que no tiene
   interés en fiestas o festejos. Está muy envuelta en su pena.

## Abundancia

5. ***Hay mucha tela (paño) de donde cortar.***
   Se oye este decir cuando algunas personas censuran el comportamiento de otras, indicando que a pesar de lo dicho falta bastante por comentar.

## Abuso

6. ***Del árbol caído todos hacen leña.***
   Sucede, a veces, que cuando un ser humano sufre una desgracia humillante, se convierte por añadidura en blanco fácil de innumerables agravios.

7. ***Todos son generosos, dando lo que nos es de ellos.***
   Algunas personas pueden ser sumamente dadivosas cuando lo que dan no es de ellas, es ajeno. No les duele, pues su dar no representa un sacrificio.

8. ***Se les da una uña y cogen hasta el codo.***
   Existen individuos que abusan de la generosidad y confianza de otros, y al recibir lo que se les ofrece exigen mucho más.

9. ***Esto ya se pasa de castaño a oscuro.***
   Esta expresión se usa en aquellas circunstancias en que la persona no está dispuesta a tolerar más una situación, cuando ésta se agudiza.

## Aceptación

10. ***A lo hecho pecho.***
    Es necesario aceptar los resultados de la propia conducta por dolorosos que sean. Es decir, enfrentarse con valor y decisión a las consecuencias de lo hecho.

11. **Admisión de delito, relevo de prueba.**
Si la persona a quien se presume culpable por una violación de alguna norma social, confiesa su error, no necesita someter pruebas de lo hecho.

## Acierto

12. **Hablaste por boca de santo.**
Se escucha este refrán cuando alguna persona desea decir a otra que su opinión ha sido sumamente acertada.

13. **Le mató el pollo en la mano.**
Una persona puede hacer un comentario o contestar a otra con tanto tino, autoridad o desplante que la deja muda o sin argumento.

14. **Le puso el dedo en la llaga.**
Comentario que se usa cuando una persona identifica un problema con precisión.

## Actuación

15. **Obras con amores y no buenas razones.**
Este refrán señala la importancia de probar el amor mediante actos y no meramente con palabras.

## Adaptación

16. **A la tierra que fueres, haz lo que vieres.**
Al encontrarse una persona en un país extraño debe notar el comportamiento de otros, a fin de no dar una nota discordante.

17. **Al son que le toquen bailan.**
Llama la atención a la actitud acomodaticia de algunas personas, por adaptarse fácilmente a diversas circunstancias.

18. **Cada gallina a su gallinero.**
Señala la importancia de que la persona use su discreción ante determinada circunstancia de modo que su ajuste a ésta sea armónico o conveniente.

19. **El muerto a'lante y la gritería detrás.**
Lamentación que se oye cuando un gran mal ocasiona otro que produce perturbación.

20. **El muerto al hoyo y el vivo al pimpollo (o al retoño).**
Este decir pone de manifiesto que la pena de algunos por la pérdida de seres queridos, parientes o amigos, tiene pronto consuelo.

21. **Para el gusto se hicieron los colores**
**y para amar los corazones.**
Se utiliza para comentar las diferencias en las preferencias y gustos de las personas sobre todo en aquellas relacionadas con el amor.

22. **A caballero nuevo, caballo viejo.**
Los jóvenes que se inician en el desempeño de roles o labores nuevas, deben beneficiarse del sostén o el consejo de personas mayores.

## Adecuación

23. **Gallina vieja da buen caldo.**
La buena calidad de las cosas descansa en requisitos determinados que deben ser observados.

24. **Cantar bien o cantar mal,**
**En el campo, indiferente;**
**Pero 'elante 'e l 'gente...**
**¡Cantar bien o no cantar!**

Es importante que la persona al actuar, sobre todo, en público sepa hacerlo con corrección.

25. **Dos cabezas piensan mejor que una.**
Es conveniente o prudente el consultar a otra persona un asunto, cuestión, o problema sobre el cual se tienen dudas. La discusión puede ayudar a esclarecer las incertidumbres.

26. **En vida de matrimonio, ni soso, ni salado.**
Las personas casadas precisan determinar la *medida* más prudente y armoniosa en el desempeño de sus actuaciones en la vida conyugal.

## Advertencia

27. **Martes, ni te cases ni te embarques,**
**ni de tu familia te apartes.**
Recoge una advertencia que atribuye mal agüero al día martes, y por lo tanto recomienda que en un día tal la persona no se case, ni viaje, ni se aleje del hogar.

28. **Huye del peligro y no caerás en él.**
Recomienda que se evada el peligro, a fin de no sufrir sus consecuencias.

29. **Sobre mi cabeza, la mantilla.**
Este refrán recuerda la época en que la mujer para visitar una iglesia católica se cubría la cabeza con una mantilla. Señala el mismo que la persona no tolerará que otro desafíe su mandato o voluntad, o que la domine.

30. **El amor no se compra con dinero.**
Es un sentimiento personal que surge de lo más íntimo del ser. Al amor no se vende, pues no tiene precio, y se da o se niega por voluntad propia.

31. **Más vale estar solo que mal acompañado.**
Señala que es preferible estar solo, a estar molesto por una compañía que mortifica.

32. **Rabijunco en tierra, tormenta en el mar.**
Este refrán encierra un presagio de algo desagradable que ha de suceder, al observarse algún evento fuera de lo normal, o de lo corriente.

El rabijunco es una ave marina de Puerto Rico, también conocida como Tijerilla, caracterizada por la extensión de hasta siete pies de sus alas, que se mantiene por largas horas en el aire y casi nunca se la ve posada en la tierra, ni en el agua. [1]

33. **Pleitos tengas y los ganes.**
Reconoce la idea de que es mejor evitar negociar o transar en situaciones de discordia para no tener que litigar judicialmente.

34. **Muchos cocineros dañan la comida (o el sancocho).**
Cuando varias personas se inmiscuyen en la solución de una situación problemática, suelen complicar más la misma.

35. **Después del relámpago viene el trueno.**
Se advierte a una persona mediante el símbolo del latigazo luminoso del relámpago, que el suceso acontecido tendrá muy pronto unas consecuencias estrepitosas y por lo tanto no debe sorprenderse.

36. **Cielo empedrado, suelo mojado.**
Aconseja cautela en las relaciones, las cuales como la bóveda celeste deben ser claras, pero cuando se nublan anuncian lluvia, o sea, disgusto.

---

[1]Biaggi, Virgilio. *Las Aves de Puerto Rico*. Editorial de la Universidad de Puerto Rico, Río Piedras, P.R.: 1970, p. 81.

## Ahorro

37. *El que da lo que tiene, a pedir se atiene.*
Aconseja el ahorro juicioso, en contra del despilfarro vicioso, el cual conduce a la miseria.

38. *El que guarda siempre encuentra.*
Aquel que no desperdicia y retiene parte de lo que dispone cuando se le presenta una necesidad puede subsanarla.

39. *El que presta no mejora.*
Si la persona presta lo que tiene, no puede retener para sus necesidades y, por ende, mejorar su propia situación.

40. *Muchos cabitos de vela hacen un cirio pascual.*
Sugiere que la persona que economiza o guarda aunque sea poco, al cabo de un tiempo puede tener con qué remediar alguna necesidad.

## Alejamiento

41. *La ausencia causa el olvido.*
Las personas que, aunque amándose o estimándose sincera- mente, dejan de verse usualmente por la distancia, enfrían sus relaciones hasta llegar a la indiferencia.

42. *Ojos que te vieron ir, no te volverán a ver.*
Se utiliza esta frase como una despedida que puede dirigirse a una persona, o en referencia a una cosa que se prestó y no será devuelta.

## Amabilidad

43. *Se cazan más moscas con miel que con vinagre.*
Es más fácil acercarse y ganar la atención de las personas mediante la amabilidad que con la aspereza.

## Ambición

44. *Entran como criados y quieren salir por amos (o entran como arrima'os y quieren salir por dueños).*
Señala el deseo apasionado de algunas personas por alcanzar posiciones de poder o fama valiéndose de oportunidades insensatas.

## Amistad

45. *Acompáñate con los buenos y serás uno de ellos.*
Los amigos de las personas, especialmente de niños y adolescentes influyen grandemente en el desarrollo de su personalidad. Los amigos de los adultos, son un reflejo de sus valores sociales.

46. *La mejor fraternidad es la desgracia.*
La persona que sufre una desgracia podrá apreciar quiénes son sus verdaderos amigos, al observar cuáles de éstos acuden a su lado para brindarle su apoyo.

47. *Amigo en la adversidad, amigo de verdad.*
El verdadero amigo es aquel que se tiene cerca tanto en momentos de dolor como en ratos de alegría.

48. *Dime con quién andas y te diré quién eres.*
La selección y el cultivo de amigos pueden indicar o reflejar la manera de ser de una persona.

49. *Quien bien te quiere te hará llorar.*
Encierra una interpretación sobre la naturaleza de la verdadera amistad, la cual, por fundamentarse en la sinceridad, a veces tiene que decir verdades por dolorosas que sean éstas para el amigo o amiga.

## Antecedencia

50. *Por las vísperas se sacan los días de fiesta.*
Se usa para dar a entender que palabras o hechos anteriores, sirven para juzgar lo que ha de suceder después. Este refrán es parecido a dos refranes españoles que dicen: *Por las vísperas se conocen los disantos* y *Por la uña se conoce el león.*[1]

## Añoranza

51. *Todo tiempo pasado fue mejor.*
Estas palabras se oyen con frecuencia en boca de personas de edad avanzada, quienes a veces tienen dificutad en aceptar los cambios sociales que observan en el presente.

52. *Recordar es vivir.*
Se escuchan estas palabras con frecuencia en grupos de personas de mayor edad, quienes al compartir experiencias gratas de su juventud, reviven el pasado.

## Apareamiento

53. *Se juntó el hambre con las ganas de comer (o se juntaron el hambre y la necesidad).*
Se utiliza para señalar una situación agravada intensamente que demanda una solución inmediata.

## Apariencia

54. *A veces sale más caro el collar que el perro.*
Señala que, en ocasiones, debido al afán insensato de demos-

---

[1]Bergua, José. *Refranero Español*, Sexta Edición, Madrid: Ediciones Ibéricas, 1961, p. 377.

trar que se tiene mucho dinero se incurre en gastos exagerados o prohibitivos para la realidad económica particular.

55. *El arreglo en la persona muchos bienes proporciona.*
Una persona que se presenta bien puesta, aunque con sencillez, causa un buen efecto y consigue abrirse camino hacia el éxito.

56. *El hábito no hace al monje, pero lo distingue.*
La forma en que vista una persona no altera su manera de ser, pero contribuye a hacerla descollar entre otras.

57. *Hay muertos que no roncan, pero sus penas son mayores (o hay muertos que no hacen ruido, pero son mayores sus penas).*
Se usa para describir aquellas personas que sufren en silencio sin hacerse sentir o quejarse.

58. *No es tan fiero el león como lo pintan.*
Estas palabras advierten que una persona o situación no es tan difícil como ha sido interpretada o juzgada por otros.

59. *No todo lo que brilla es oro.*
Algunas características de las cosas pueden llamar la atención del observador, confundiendo su capacidad para ponderar el valor real de éstas.

60. *Todo lo prieto no es morcilla.*
Este refrán de carácter algo despectivo levanta una voz de alerta ante el observador, a fin de que no se deje engañar por las apariencias.

61. *Tanto vestido, tanto volante y el puchero a la lumbre con dos guisantes.*
Hay personas que preocupadas en demasía por la apariencia viven lujosamente, sin tener el dinero para ello y en consecuencia sacrifican necesidades básicas.

62. **De ese infierno no salen chispas.**
A veces se puede observar que aunque dos o más personas están discutiendo con apasionamiento y altas voces, en realidad no hay encono entre éstas y pronto el fogaje pasa.

63. **Salió más caro el fuete que el caballo.**
Señala, al igual que el refrán número 54, que se le da más importancia a lo secundario que a lo esencial.

64. **Sale más caro el candil que la vela.**
Se interpreta este refrán en la misma forma que los anteriores, número 54 y número 63

65. **Vale más el rabo que el volantín.**
El mensaje de estas palabras es igual al de los refranes anteriores, números 54, 63 y 64.

66. **El pudor de la doncella la hace aparecer más bella.**
La joven que se comporta con recato y honradez se distingue entre las demás y resulta más atractiva.

## Aprecio

67. **Vale más de lo que pesa en oro.**
Este comentario se oye cuando se trata de aquitalar los méritos de una persona.

68. **Más vale el vivo que el muerto.**
Frase de calidad ponderativa usada para resaltar el valor de la vida, sus oportunidades, experiencias, luchas, alegrías y tristezas.

69. **Nadie sabe el bien que tiene hasta que lo pierde.**
Las cosas y las personas, a veces, no se saben apreciar hasta que al necesitarse no se encuentran.

# Aprendizaje

70. *Del agua fría el gato escaldado huye.*
El haber sufrido una experiencia dolorosa, a veces, sirve de lección para evitar que se repita.

71. *El que no aprende es porque no quiere.*
Destaca la importancia en el aprendizaje de una actitud interesada o de una buena disposición.

72. *El que se mete a loro debe saber dar la pata.*
La persona antes de exponerse a determinado comportamiento, particularmente en comparecencias públicas formales, debe aprender la forma correcta de conducirse, a fin de no dar una nota desentonada.

73. *Nadie aprende por cabeza ajena.*
La persona para aprender necesita vivir en su propio ser experiencias determinadas.

74. *No hay que ser caballo para saber de carrera.*
Sugiere que se puede aprender de las experiencias que otras personas relatan y también observando su comportamiento.

75. *Hay que leerle la cartilla.*
Significa que una persona disgustada con el comportamiento o rendimiento en el hogar o empleo de otra, decide confrontarla y recordarle las normas y pautas que deben regir su funcionamiento.

76. *Mono sabe palo que trepa y buey sabe palo que rasca.*
Estas palabras quieren decir que la persona sabe con quién está tratando, que está alerta a los riesgos que se toma, si algunos.

## Apresuración

77. *Pájaro que comió, pájaro que voló.*
Se aplica frecuentemente en el grupo familiar cuando algún pariente llega al hogar, come algo y se va de inmediato. Se utiliza también respecto a la persona que tan pronto satisface su deseo se aleja.

78. *Hacer como Blas, ya comiste ya te vas.*
Sirve de excusa o de crítica a la persona que invitada a comer, al terminar, no permanece junto a sus anfitriones.

## Aprobación

79. *Al que Dios se lo da, San Pedro se lo bendiga.*
Sugiere que se está de acuerdo con los designios de la Providencia Divina por el buen o mal resultado de los esfuerzos.

80. *Pasó la prueba del fuego.*
En la vida existen situaciones en que las personas precisan tener la aprobación de otros. Por ejemplo, el novio de una joven ya casadera debe agradar a los padres y familiares de ésta.

81. *La costumbre es la ley.*
Se interpreta como una amonestación cuando alguien desea llamar la atención a otra persona por un comportamiento no acostumbrado, o sea, reñido con la ley no escrita.

## Aprovechamiento

82. *A río revuelto ganancias de pescadores.*
De situaciones revoltosas o desordenadas suelen sacar provecho los que saben utilizarlas.

## Aptitud

### 83. *Donde pone el ojo va la bala.*
Este refrán se refiere a la cualidad que tienen algunas personas, por su poder de observación y destrezas, para actuar con tino o sin falta.

### 84. *El que hace un cesto, hace un ciento.*
Estas palabras se oyen, a veces, para dar ánimo o seguridad a alguien que duda sobre su capacidad luego de haber iniciado una labor. Las mismas parten de la premisa de que si se ha dado un paso pueden darse muchos más.

### 85. *Hay que coger la sartén por el mango.*
Recalca que se debe lograr el dominio, o ser dueño de la situación para beneficiarse de ella.

### 86. *La práctica hace milagros.*
El repetir una acción o tarea por un gran número de veces desarrolla la habilidad de la persona en un alto grado.

### 87. *No van lejos los de a'lante si los de atrás corren bien.*
Este refrán se usa para alentar a una persona a reconocer que su idoneidad lo capacita para sobrepasar a otros que se han adelantado.

### 88. *Mujer preparada vale por dos.*
La mujer que ha sido educada, que se ha formado para una carrera, oficio o profesión tiene muchos méritos, pues añadirá tales talentos a sus capacidades como esposa, madre y ama de casa.

### 89. *Pues vamos a ver cómo baila Miguel...*
Se refiere al interés en observar cómo una persona desempeña un nuevo trabajo, asume una responsabilidad por vez primera, o sencillamente para conocerla mejor.

90. **Quien bien empieza, bien acaba.**
Una tarea que se hace correctamente, o con destreza desde su comienzo es de esperarse que finalice en igual forma.

91. **Más viejo es el viento y aún sopla.**
La vejez en las cosas y en la gente se tiende a interpretar como sinónimo de "inservible". Sin embargo, los años no necesariamente disminuyen el valor, las destrezas, las capacidades o competencias de las personas, al contrario las enriquecen.

## Armonía

92. **Aquí paz y en el cielo gloria.**
Establece un punto final sobre acuerdos tomados entre personas que han tenido un altercado y anuncia días venideros de armonía.

93. **Juntos, pero no revueltos.**
Indica que la unión entre dos o más personas, debe ser agradable y placentera.

94. **Lo cortés no quita lo valiente.**
La cortesía con los demás no significa que se carezca de valor para hacerles frente, cuando sea necesario.

## Astucia

95. **Haz el mal y guárdate.**
El que actúa con maldad se expone a que se le descubra y castigue, por lo tanto se ve obligado a encubrirse.

96. **Más vale maña que fuerza.**
Para resolver un aprieto resulta mejor la astucia mental que la fuerza muscular.

## 97. *Para un jíbaro otro jíbaro y para dos jíbaros el diablo.*

Destaca la habilidad del campesino puertorriqueño para no dejarse engañar.

## Avaricia

## 98. *Barco grande ande o no ande.*

Se dice cuando una persona por el deseo avaro de poseer o tener, es atraída por la cantidad de las cosas, pero no aquilata su calidad ni su utilidad práctica. Un refrán español de igual explicación sustituye la palabra *"barco"* por *"caballo"*.[1]

## Bajeza

## 99. *Basura, siempre es basura, lo que del suelo se barre y aunque se suba a la altura, basura será en el aire.*

Este poema refranero se emplea en referencia a personas de baja calidad humana debido a un comportamiento que no sólo violenta las normas ético-sociales sino también resulta repugnante para la ciudadanía. Aunque al correr del tiempo estas personas se encumbran mediante una clase social, no dejarán de ser miradas como indignas de respeto y admiración.

## Bochorno

## 100. *El que se viste de ajeno, en la calle lo desnudan.*

El que toma o usa pertenencias de otras personas se expone a que se las reclamen públicamente. También el que se beneficia de talentos ajenos se expone a que se lo saquen en cara.

---

[1]Bergua. *Refranero español,* p. 124.

101. **Más vale pálido una vez que cientas colorado.**
Se refiere a que es mejor pasar un susto y aprender algo que sufrir varios momentos de vergüenza por desconocimiento o torpeza.

## Calidad

102. **El buen perfume siempre viene en pote chiquito.**
Este refrán encierra el pensamiento de que las cosas buenas no abundan.

103. **La calabaza se dice que es buena una sola vez.**
Quiere decir que cuando algo o alguien reúne unas características de bondad o superioridad es innecesario que se repita varias veces.

104. **Más vale poco y bien ganado que mucho y enlodado.**
Destaca la importancia de la honradez en el cumplimiento del deber.

## Calma

105. **Vísteme despacio que voy aprisa.**
Se recurre a estas palabras en aquellas situaciones que por estar cargadas de presión precisan de ser manejadas con tranquilidad y destreza.

106. **Para quedar mal, hay tiempo.**
Si una persona presume que va a comportarse ineficazmente, sin la debida competencia, debe detenerse y pensar antes de actuar, para no tener que arrepentirse más tarde.

## Cambio

107. **Está como la reina mora que a veces canta y a veces llora.**
Describe el cambio de actitudes o la inestabilidad anímica

de una persona, lo cual provoca inseguridad en sus relaciones con los demás.

108. *Amor, viento y ventura. pronto se mudan.*
La existencia humana se caracteriza por el elemento del cambio o la transición, a veces desfavorable, pero otras veces favorable.

## Candor

109. *De la boca de los niños se oye la verdad (o el niño no calla embuste y dice la verdad).*
Los niños en su espontaneidad, por no tener aún ciertos controles sociales determinados por la cultura, verbalizan lo que sienten, observan o piensan, sin ponderar el impacto de sus palabras.

## Caridad

110. *Haz bien sin mirar a quién.*
Este refrán recomienda que no se escoja al prójimo que ha de ayudarse o beneficiarse, de otra forma se podría dudar de la pureza intencional del dador.

111. *El amor todo lo perdona.*
El amor por ser un sentimiento generoso y comprensivo perdona con facilidad y no guarda rencores.

112. *Un mal con un bien se paga.*
Una mala acción debe repararse con una buena actuación. De lo contrario se establece una cadena de resentimientos y discordias difícil de interrumpir.

113. *Odia el pecado y compadece al pecador.*
Recomienda que se repudie el pecado, pero que en cuanto

al pecador que se comprenda su flaqueza o debilidad humana.

114. **No hagas hoy lo que no quieres que te hagan mañana.**
La comprensión entre los seres humanos es importante. Si uno es maltratado por otro, debe cuidarse de no molestar, en igual forma, a un tercero.

## Castigo

115. **Se encontró con la horma de su zapato.**
En ocasiones, una persona abusa o maltrata a otra sin que nadie le salga al paso y la detenga, pero inesperadamente aparece alguien que le hace frente y la controla.

116. **El que se alegra del mal del vecino, el suyo le viene en camino.**
Se observa, a veces, que una persona que se ha reído del sufrimiento de otra, pasado algún tiempo se encuentra atravesando por una situación similar de dolor.

117. **El que la hace, la paga.**
Postula el principio de que la persona que yerra o comete algún delito debe acarrear las consecuencias de su acción.

118. **Dios castiga sin vara y sin fuete.**
Creencia en el poder de Dios para castigar por la falta cometida, mediante circunstancias que en nada asemejan una vara o un látigo.

119. **El que a hierro mata no puede morir a sombrillazos.**
En este refrán a veces se sustituye el vocablo *sombrillazos* por *sombrerazos*. También se utiliza la versión de: *El que a hierro mata a hierro muere.* Quiere decir que el criminal merece un castigo adecuado a su acto.

120. **Lengüita no habló que de ella no gustó.**
Interpretado en términos positivos sugiere que la falta censurada por una persona en otra, es prontamente cometida por la primera.

121. **Lo que se da no se quita, porque el diablo lo visita.**
Se emplea como queja cuando algo que se ha regalado se quita, amenazándose con malas consecuencias, o castigos.

122. **Pena de muerte tiene el que a viejo no llegue.**
Expresa que la persona debe cuidarse para llegar a la vejez y merece ser castigada por .no tomar las providencias para así hacerlo.

## Casualidad

123. **Cuando se nombra al rey de Roma, pronto asoma.**
Sucede, a veces, que cuando se menciona a alguna persona, ésta se presenta inesperadamente.

124. **El que temprano se levantó un talento encontró y más temprano se levantó a quien se le perdió.**
Este refrán encierra una disculpa para justificar una falta de diligencia.

125. **Unos nacen con estrella y otros nacen estrellados.**
Estas palabras son utilizadas con tono pesimista por aquellas personas que atribuyen eventos o circunstancias al azar, a la suerte. El refrán español que dice: *Unos nacieron para moler y otros para ser molidos,* explica estas condiciones a base del carácter de las personas, unas son fuertes y otras débiles[1]

---

[1] Suñé Benages, Juan, *Refranero Clásico*, México: Talleres de Edinal Impresora, S. A., México, 1974, p. 222

Se puede añadir que algunos parecen haber nacido con dotes para mandar y otros para obedecer.

**126. *Lo que no pasa en cien años pasa en un día.***

Este comentario refraneo se oye a menudo como advertencia cuando alguien afirma, con seguridad, que algún evento temido ha de suceder.

**127. *La suerte es de quien la tiene.***

A lo que le ocurre sea bueno o malo a una persona por "mera casualidad", generalmente se le llama suerte. Si se entendiesen mejor los factores que operan en los sucesos considerados como fortuitos, se podría quizás explicar mejor en qué consistió la suerte.

## Causalidad

**128. *No todo el que llora, llora de pena.***

El llanto de las personas no sólo es provocado por una pena. Se puede llorar de alegría, de felicidad, de rabia y de hipocresía.

**129. *De algo murió mi abuela...***

Cuando una persona no desea revelar o explicar totalmente las razones de alguna situación, manifiesta una actitud misteriosa.

**130. *Los cuernos y las canas no salen de vejez.***

La infidelidad matrimonial como las canas no son sucesos que se asocian a la vejez, ya que pueden observarse también entre los jóvenes.

## Ceguedad

**131. *Ojos que no ven corazón que no siente.***

Se utiliza para comentar que se sufren menos las situaciones dolorosas cuando no se presencian. Este refrán es parecido al refrán español siguiente: *"Ojos que no ven, corazón que no llora, quiebra o siente"*.[1]

## Certidumbre

132. **La agonía es larga, pero la muerte es segura.**
Se utiliza como augurio de que una situación difícil aunque perdure no se resolverá favorablemente y a la larga fracasará.

## Cesación

133. **Después de la tempestad viene la calma.**
Señala que todo problema o situación difícil por la que atraviesa una persona va a ser seguido por un período de tranquilidad. Todo termina.

134. **Mientras el hacha va y viene descansa el palo.**
Describe aquellas relaciones humanas agravantes en las cuales al cesar la agresión surge una pausa que alivia la tirantez existente.

135. **Entre col y col una lechuga.**
Se refiere a que en la vida todo no puede ser trabajo o sufrimiento, pues tiene que haber un alto para descansar y disfrutar. Además, para que no cansen las cosas, es preciso cambiarlas.

## Claridad

136. **Muerto ¿quieres misa?**
Este refrán también se usa mediante la siguiente expresión:

[1] Bergua, *Refranero Español*, p. 463.

*Ese muerto quiere misa.* Se utiliza para subrayar que es lógico o de esperarse el interés de una persona por aquello que satisface su necesidad.

## Codicia

137. **El que mucho abarca poco aprieta.**
El deseo desmesurado de acaparar algo a manos llenas se ve frustrado ante la realidad de lo poco que al fin se ha logrado.

138. **Por el oro baila el mono.**
La ambición del dinero hace que la persona se preste a cualquier acto, hasta el que puede denigrar la dignidad de su naturaleza humana.

139. **El que asa dos conejos uno siempre se le quema.**
Este refrán señala que una persona por su afán descontrolado en obtener cierta satisfacción, se expone a un fracaso o desencanto.

## Compañía

140. **Dios los cría y el diablo los junta.**
La tradición puertorriqueña atribuye con frecuencia la razón de la delincuencia, a las *malas juntas* o amistades perniciosas que socaban los principios morales o éticos de la crianza impartidos en el hogar. Por eso se oye a los padres aconsejar a su prole con las palabras de *no te juntes con fulano o mengano.*

## Compensación

141. **Pueblo pequeño, campana grande.**
Este refrán se utiliza para destacar que cuando una persona,

grupo o comunidad se sienten acomplejados por su insigni-
ficancia optan por compensarla con grandes cosas - objetos
destacados, comportamiento heroico, etc.

### 142. *La juventud del viejo está en el bolsillo.*
Existen personas de mayor edad que no aceptan la realidad
de sus años y pretenden perpetuar la juventud, teniendo a
veces que recurrir al dinero para lograr lo que anteriormente
conseguían fácilmente.

### 143. *Vayan las verdes por las maduras.*
Se escucha este decir cuando una persona se excusa por no
haber cumplido a cabalidad sus tareas, amparándose en que
anteriormente así lo había hecho.

## Complicación

### 144. *Hijos casados, trabajo redoblado.*
En Puerto Rico se observa con frecuencia que los hijos luego
de casarse y procrear continúan dependiendo de sus padres.
Esta dependencia no siempre es económica ya que puede
consistir en servicios tales como el cuidado de los niños,
comidas o mandados.

### 145. *Salir del trueno para caer en relámpago.*
Igual a *Salir de Guatemala para caer en Guatepeor*, núm. 155.

### 146. *¡De dónde viene y para dónde va!*
Indica en tono de admiración que la persona acaba de salir
de una situación embarazosa para colocarse en otra mucho
peor.

### 147. *Te has metido en camisa de once varas.*
Se puede interpretar como un comentario explicativo dirigido
a aquella persona que asume unas responsabilidades, roles,
o tareas sin la pericia debida.

148. **¿*Tras cornudos, apalea'os?***

En ocasiones se puede escuchar esta interrogante lastimera, debido a que a una experiencia deshonrosa y bochornosa se ha sumado otro suceso penoso.

149. ***Donde reina la mujer el diablo es primer ministro.***

Estas palabras presumen que la mujer es astuta y malvada.

150. ***Fue peor el remedio que la enfermedad.***

Los seres humanos, a veces, al intentar resolver algún problema lo empeoran, dificultando aún más su solución.

151. ***Se metió en la boca del lobo.***

Suele suceder que una persona voluntariamente se involucre en una situación sumamente compleja y peligrosa.

152. ***Somos muchos los hermanos (o hijos) del muerto.***

Se oye en relación a un grupo de personas que tienen una situación adversa en común.

153. ***Eramos muchos y parió la abuela.***

Se oyen estas palabras para describir aquella circunstancia que siendo muy crítica se recrudece aún más, tanto cuantitativa como cualitativamente.

154. ***Las desgracias no vienen solas.***

Manifiesta la complejidad de la vida humana, por ende, cuando sucede algo desafortunado tiene varias secuelas o repercusiones adversas.

155. ***Salir de Guatemala para meterse en guatepeor.***

Hace referencia a que, a veces, una persona, al esforzarse por resolver una situación difícil, se involucra o se mete en otra peor, de mayor enredo.

## Comprensión

### 156. *Al buen entendedor con pocas palabras basta.*

Capacidad individual para la comunicación interpersonal, mediante la cual se entiende lo que dice el otro sin necesidad de detalles o palabrería superflua.

### 157. *Cada cual siente sus males y Dios los de todos.*

Se refiere a la comprensión *Divina,* que sí entiende las penas humanas, pero las penas de las personas casi nunca son comprendidas a cabalidad por otros, por eso el que sabe cómo duelen es aquél que en su soledad las sufre. Este refrán recuerda uno español que dice: *Cada cual siente sus duelos y pocos los ajenos*[1].

### 158. *Hablando la gente se entiende.*

Mediante la comunicación verbal las personas comparten sus ideas y sentimientos y por consiguiente se pueden comprender mejor.

### 159. *Hay que darle el beneficio de la duda.*

Existen situaciones en que por escasez de información sobre una persona, sólo se puede dar una opinión parcialmente juiciosa sobre ella.

## Compromiso

### 160. *Lo prometido es deuda*.

La persona que hace una promesa debe cumplir su palabra, pues, al no hacerla, incurre en una ofensa o culpa que debe reparar.

---

[1]Bergua. *Refranero español,* p. 125.

## Compulsión

**161. *Comer y rascar, todo es empezar.***
Este refrán tiene un sentido psicológico. Se refiere al comportamiento humano que es provocado por un deseo o gusto en el que se persista. Se utiliza, también, para estimular a alguien que es melindroso en el comer.

## Común

**162. *Si no es Juan, es Pedro.***
Se utiliza respecto a situaciones que ocurren de igual dificultad.

## Confianza

**163. *Quien escucha, su mal oye.***
La persona que tiene la capacidad de saber escuchar las penas de otra no se sorprenderá ante el dolor ajeno, ya que como ser humano ha sufrido también. Este refrán reprende la mala costumbre de curiosos que suelen enterarse de cosas que les hacen daño.

**164. *Eso pasa en las mejores familias.***
Se usa para ayudar a un amigo que está enfrentándose a una experiencia algo bochornosa.

**165. *Da lo mismo Chana o Feliciana.***
Es similar al número 162. *"Si no es Juan es Pedro"*, pero hace referencia al sexo femenino.

**166. *A cualquiera se le muere un tío.***
Intenta hacer sentir bien a un amigo o conocido cuando éste se lamenta de haber pasado un mal rato, lo cual es tan frecuente en la existencia humana.

### 167. *Vista da fe.*
La persona, a veces, necesita ver para convencerse o creer. Precisa percatarse o palpar una realidad por sí misma.

### 168. *Cría fama y acuéstate a dormir.*
Sugiere que luego de hacer esfuerzos para triunfar o darse a conocer, se puede descansar.

### 169. *Dios aprieta, pero no ahoga.*
Se expresa mediante estas palabras la certeza de que Dios aunque permite que el hombre sufra, y a veces duramente, no lo deja caer en la desesperación.

### 170. *La fe mueve las montañas.*
Una fe profunda llena a la persona de un sentido de seguridad, de modo que no importa cuan difícil sea el problema a que se enfrenta, sabe que el mismo sera resuelto por obra de Dios.

### 171. *Lo que no conviene no viene.*
Este refrán descansa en un sentimiento de fe y seguridad mediante el cual se genera la certeza de que aquello que no es provechoso no ha de suceder.

### 172. *Mientras haya vida hay esperanza.*
Estas palabras se escuchan con frecuencia ante la gravedad de un enfermo. La intención es dar aliento y fe en el poder de la vida aun ante la adversidad.

## Conflicto

### 173. *Como dos jueyes machos en una misma cueva.*
Se usa para describir la disputa o pelea que puede acontecer cuando dos personas agresivas se encuentran laborando juntas en una situación que las acorrala.

174. **Mientras más lejos más cerca y mientras más cerca más lejos.**
Algunas personas se llevan mejor cuando están lejos, que cuando están cerca.

175. **Estar entre la espada y la pared (o estar entre dos y tres).**
Este decir describe una situación conflictiva cuyas alternativas de solución son difíciles de encarar.

## Conformidad

176. **A buen hambre no hay pan duro.**
En aquellas ocasiones, cuando una persona tiene un gran deseo y voluntad para lograrlo, las dificultades no le importan.

177. **A falta de pan, buenas son las tortas.**
En aquellas circunstancias cuando no se tiene lo preciso, la persona puede encontrar una sustitución satisfactoria, aunque la calidad sea inferior.

178. **Al mejor cazador se le va la liebre.**
Fija la atención en la fragilidad humana, la imperfección del ser humano. Por ello a veces éste fracasa, a pesar de su pericia.

179. **Bien vienes mal, si vienes solo.**
A veces en la vida de las gentes surgen dificultades o problemas complejos, o que se agrupan entre sí con una relación de causa y efecto. Por eso se está conforme cuando en una situación existe sólo un mal.

180. **Contigo pan y cebolla.**
Señala la actitud de aceptar una situación adversa si es compartida con un ser amado.

181. **Cuando no hay solomo de todo como.**
En aquellas ocasiones, cuando no se dispone de lo deseado, se toma lo que haya, sea lo que sea. El refrán español similar, *Cuando no tengo solomo, de todo como*, aplica estas palabras también a la persona codiciosa.[1]

182. **Del monte aunque sean las bruscas.**
Al establecerse una predilección por algo, situación o cosa, si no se la puede disfrutar a plenitud, se transa aunque sea por una parte mínima.

183. **¡Dios sabe lo que hace!**
Estas palabras postulan la sabiduría infinita de Dios y por lo tanto que el hombre debe aceptar los designios divinos.

184. **El hombre propone y Dios dispone.**
Se escucha decir en calidad de consuelo tanto para sí como para otros, cuando algún plan o propósito ha fracasado. A veces se le añade en tono de broma, *y la mujer descompone*.

185. **El que no tiene para más con su mujer se acuesta.**
Al no disponerse de algo deseado es preciso conformarse con lo que se tiene.

186. **No hay mal que por bien no venga,**
**ni bien que su mal no traiga.**
Palabras consoladoras que se oyen cuando alguien atraviesa por una situación dolorosa de la cual algún beneficio se puede derivar. A veces también el bien deja de ser perfecto, por lo tanto este refrán manifiesta una actitud fundamental de tolerar las adversidades.

187. **Tragando aunque sea saliva...**
Señala en forma irónica aquellas situaciones humanas de

---

[1] Suñé. *Refranero clásico.*

necesidad, de ira o frustración en que la persona se resigna a derivar satisfacción de lo mínimo.

188. **Viva la gallina con su pepita.**
Esta expresión refranera destaca una actitud pasiva de aceptación ante aquella situación individual o colectiva peligrosa o amenazante que resulta difícil de cambiar. El refrán español de *Viva la gallina, y viva con su pepita,* hace referencia particular a que no se debe insistir en curar ciertos achaques por el peligro de arriesgar la vida.[1]

189. **Hay que arar con los bueyes que se tenga.**
La persona tiene que realizar sus tareas con los recursos con que cuenta.

190. **Más vale algo que nada.**
Las cosas aunque parezcan insignificantes no deben despreciarse.

191. **Se hace lo que se puede.**
Representa un consuelo para aquellas personas confrontadas con situaciones casi insolubles, en las que se sienten maniatadas y es muy poco lo que pueden realizar.

192. **Más se perdió en la guerra.**
Se escuchan estas palabras cuando alguien pierde algo económico o sentimental. Las mismas pueden servir de consuelo y por lo general las dice la misma persona u otra que esté a su lado.

193. **Para dos que se quieren bien, con uno que coma basta.**
Alega románticamente este refrán que el amor compensa la falta de recursos.

194. **Cuando el hambre es de calor, el pan es fresco.**
Cuando se tiene una necesidad apremiante se puede satis-

---

[1] Suñé. *Refranero clásico,* p. 290.

facer con poco, aunque no sea lo más adecuado, o lo más deseado.

195. **Todo en la vida tiene remedio, menos la muerte.**
Los problemas del diario vivir por lo general se pueden resolver o remediar, pero la muerte, tan cotidiana y segura, no tiene solución.

196. **Dios da y quita.**
Se recurre a este decir en circunstancias de dolor, por la muerte de algún ser querido o pérdida de recursos, o de facilidades para vivir.

197. **No por bonita dichosa.**
**Ni por fea desgraciada**
**Que la suerte de cada cual Dios se la tiene guardada.**
Es sabio no atribuir la felicidad o la desgracia a la belleza física, ya que es Dios quien decide la calidad de la existencia de cada ser humano.

198. **El que nació pa' pobre, debe quedarse pobre.**
Este refrán parte del supuesto de que una persona destinada desde su nacimiento a vivir en la pobreza, no debe hacer esfuerzos para alcanzar una calidad mejor de vida, conformándose con su realidad.

199. **Lo que ha de suceder, siempre sucede.**
Postula lo inevitable de ciertos acontecimientos, los cuales por lo tanto precisan ser así aceptados.

## Confrontación

200. **Descubrí con los ojos lo que conocía con el corazón.**
A menudo el ser humano tiene la experiencia de vivir un sentimiento determinado, sin poder entender su razón hasta que en un momento dado encuentra la explicación.

201. **Hay que coger al toro por los cuernos.**
Recomienda que no se debe temer al problema o dificultad, sino encararlo con valor para dominarlo y ponerle fin.

202. **No es lo mismo llamar al diablo que verlo venir.**
Establece la diferencia existente entre la sola amenaza de un peligro y el hecho de encontrarse en medio de éste.

## Consecuencia

203. **El que duerme con hijos amanece "mojao".**
Estas palabras interpretan las consecuencias sabidas de un comportamiento determinado.

204. **El que siembra abrojos, cosecha abrojos.**
Llama la atención a los resultados lógicos de una acción impropia. Una bajeza provoca una respuesta vil. La expresión refranera española de: *Quien siembra abrojos, no ande descalzo ni de hinojos,* aconseja a la persona que trata rudamente a otras, que no intente más tarde acudir a éstas para pedirles beneficios.[1]

205. **El que se mete a redentor sale crucificado.**
Se observa, en ocasiones, que una persona por inmiscuirse sin la debida justificación en la solución de los problemas de otros, resulta perjudicada.

206. **El que siembra vientos (o brisas) cosecha tempestades.**
La persona, a veces, contribuye mediante su actuación a la discordia que le rodea. Molesta o mortifica a los que tiene cerca, hasta que éstos se rebelan o levantan en su contra.

207. **El que tiene hechas, tiene sospechas.**

---

[1] Iter Sopena. *Refranes y Frases Populares.* Barcelona: Editorial Ramón Sopena, 1983, p. 204.

La persona que ha actuado mal no puede esperar que se confíe en él.

## 208. *El vago trabaja el doble.*

Este refrán destaca la lección de que cuando la tarea no se hace con verdadero empeño, los resultados son insatisfactorios y por lo tanto es preciso hacerla de nuevo.

## 209. *Esos lobos traen esos pelos.*

Este refrán tiene la misma significación que el número 204.

## 210. *La codicia rompe el saco.*

El deseo desenfrenado de bienes materiales puede llevar a una persona a perder la tranquilidad, amistades y la salud tanto física como mental.

## 211. *El pez muere por la boca y también el hombre.*

Estas palabras señalan que el hombre desconsiderado en su hablar de otros puede correr un peligro serio.

## 212. *La curiosidad mató al gato.*

Advierte sobre los riesgos que se toman al averiguar sobre la vida de los demás.

## 213. *Muerto el ahijado, acabado el compadrazgo.*

Palabras que dan a entender que cesando una obligación cesan los beneficios correspondientes.

## 214. *Quien se va para Sevilla pierde su silla y el que de Sevilla viene su silla tiene.*

Se usa como explicación cuando alguna persona ha dejado su puesto vacío y otra lo ocupa. Encierra el refrán dos partes: la explicación de llenar el vacío y el reclamo del que regresa para que se le devuelva su sede.

## 215. *En el pecado está la penitencia.*

Se puede observar, a veces, que las infracciones a la ley de

Dios y a las normas sociales, ocasionan tribulaciones al delincuente, mediante las cuales, en cierto modo purga sus delitos.

216. **Por sacarse un ojo, se sacó dos.**
Algunas personas en su afán o ambición de sobrepasar a otras, hacen unos esfuerzos tan extraordinarios que les resultan doblemente caros, tanto en términos materiales, (el dinero), como psicológicos (la salud mental).

217. **El dinero llama al dinero.**
Con dinero adicional la persona puede aumentar sus negocios y empresas comerciales y hay quienes opinan que esto aumenta su suerte.

218. **Las cosas se caen por su propio peso.**
Estas palabras indican que a pesar de que se observe una situación bastante complicada y difícil de enderezar, pasado algún tiempo, los elementos que la constituían van desapareciendo o eliminándose por su propia esencia.

219. **Hombre casado, burro domado.**
El hombre al casarse precisa acoplarse a la vida matrimonial, en la cual tiene que armonizar su voluntad con la de su esposa.

220. **El que se come la carne que se coma el hueso.**
La persona que se ha beneficiado de alguna actividad o suceso debe estar dispuesta a aceptar la parte o componente menos placentero.

221. **Lástima fuera que una vieja borracha no se cayera.**
Señala que ciertos comportamientos conllevan unos resultados determinados, que lógicamente pueden anticiparse y por ende evitarse.

222. **Se metió a mono y perdió el rabo.**
Una persona que se convierte en el hazmerreír de otros se

coloca en una posición ridícula y pierde en su dignidad y autovalía. Se aplica también a la persona que se perjudica por meterse a hacer cosas que no sabe.

223. **Si me suben la llama se me inflama el quinqué.**
Petición de una persona a otros para evitar que provoquen una situación que pueda ocasionar daño.

224. **El que juega por necesidad, pierde por obligación.**
Esta frase advierte a la persona que juega su dinero esperanzada en resolver alguna necesidad económica, que también se expone a perderlo, empeorando aún más su situación.

225. **Lo fácil se pierde ligero.**
Aquello que se adquiere sin esfuerzo, sin el sudor de la frente, sin la persistencia del empeño, sin la satisfacción de al fin haberlo logrado, no tiene gran significación para el que lo posee.

226. **El pez que busca el anzuelo busca su duelo.**
La persona algunas veces se deja engañar o pescar por algo atractivo exponiéndose a correr un grave riesgo, en el cual puede perecer.

227. **Donde hubo fuego, cenizas quedan, o carbón que ha sido brasa con poco fuego se enciende.**
Estas palabras se oyen decir en referencia a relaciones amorosas de un pasado, para advertir que pueden resurgir. Se pueden también aplicar a viejos rencores o resentimientos.

228. **Aquellas lluvias traen estos lodos.**
Igual al número 204, *El que siembra abrojos, cosecha abrojos.*

229. **Le espantaron el ángel de la guarda.**
Algunas veces se puede observar que mientras dos personas hablan una enmudece, se le dificulta expresarse debido a un comentario desatinado de la otra.

230. *El que tarde llega a la barca, remo tuerto no le falta.*
La persona debe esforzarse y ser diligente para salir adelante, de lo contrario perderá oportunidades y se enfrentará a dificultades o tropiezos.

231. *El que mal anda, mal acaba.*
La persona que está manejando los asuntos de su vida en forma inadecuada, terminará su existencia en igual forma.

232. *El que siembra tormentas, cosecha tempestades.*
Igual al número 228, *Aquellas lluvias traen estos lodos.*

233. *Can que mucho lame, saca sangre.*
En las relaciones humanas se debe ser prudente ante los excesivos halagos ya que pueden hacer daño.

234. *La confianza mató a su amo.*
Cuando una persona confía en otra v descubre al cabo de un tiempo que ha sido vilmente engañada, la amistad que existía entre ambas, correrá el riesgo de desaparecer.

235. *El que juega con fuego se quema.*
Advierte que unas circunstancias peligrosas con las que se coquetea, pueden causar daño o dolor.

236. *El que siembra espinas no puede cosechar flores.*
Igual al   *El que siembra tormentas cosecha tempestades,* número 232.

237. *Al pobre el sol se lo come.*
El pobre siempre está acosado por las circunstancias adversas que le rodean.

238. *Padre guardador, hijo derrochador, nieto pordiosero.*
Presenta un contraste dramático sobre el manejo del dinero en tres generaciones. El abuelo supo ahorrar su dinero, el hijo lo desperdició y por consiguiente el nieto quedó en la miseria.

239. *El que muere por su gusto, hasta la muerte lo alegra.*
Cuando una vida ha sido sumamente desordenada por largo tiempo y se torna insoportable, la muerte resulta ser una solución aceptable.

240. *Se está ahorcando con su propia soga.*
Una persona por su propia imprudencia, es responsable de su desgracia o dificultades.

241. *Cochino fiado, buen invierno y mal verano.*
Lo fiado puede beneficiar pero a la larga perjudica, pues en invierno es el comer y en verano es el pagar.

## Consideración

242. *No menciones la soga en casa del ahorcado.*
Aconseja la delicadeza al tratar con una persona agobiada por una situación dolorosa o vergonzosa, de manera que no se mencionen detalles que le causen molestia.

## Contaminación

243. *Una manzana podrida daña el barril.*
Este refrán en términos figurados se refiere a la situación en que una persona de conducta indeseable, puede ser un mal ejemplo para otras, particularmente para los niños y adolescentes.

## Contradicción

244. *No se puede pedir peras al olmo.*
Palabras que levantan una voz de alerta para advertir que se puede esperar de una persona  solamente lo que ésta es capaz de producir o dar.

245. *Mujer bonita de cara, casi siempre es desgraciada.*
Se opone a la presunción de que una mujer bonita tiene más suerte que la fea para alcanzar la felicidad.

246. *Quiere estar con Dios y con el diablo.*
Aquella persona que desea estar siempre bien con todo el mundo, a nadie puede hacerle frente u oponérsele.

## Contrariedad

247. *El que espera, le dan y no cosa buena.*
Estas palabras representan voces de alerta para la persona que confía en que algo va a suceder o cumplirse, pero es defraudada. Por ello, es más conveniente que lo procure ella misma, mediante sus propias diligencias.

248. *Todos los días se tira un tonto a la calle.*
Se oye de personas al darse cuenta de que han sido víctimas de otros más listos que ellas.

249. *Eso es como llover sobre mojado.*
Señalan el malestar que siente una persona cuando a pesar de reprender a otra por su conducta ésta la repite frecuentemente.

250. *Al que no quiere caldo se le dan tres tazas.*
Sucede, a veces, en la vida de las gentes que cuando no les agrada algo, se ven forzadas a soportarlo hasta en grado extremo.

## Contraste

251. *No hubo mayor obscuridad que en el momento que precedió a la luz .*
Estas palabras establecen una comparación dramática entre

el momento obscuro y el instante de la iluminación. Este contraste se puede entender en en sentido de que la luz hace más negra la obscuridad, el amor hace más frío el desamor, el perdón hace más fea la culpa y la alegría hace más notable la tristeza.

252. *Tan linda "dientadura" y tan mala "prenunciación".*
Este refrán destaca dos rasgos opuestos en una persona que debían armonizar, por eso sorprenden al observador.

253. *¡Qué linda la jaula y qué feo el pichón!*
Hace notar una diferencia notable entre dos elementos relacionados lógicamente, como por ejemplo, una linda residencia y unos dueños poco aseados.

## Control

254. *Todo en exceso hace daño.*
El ser humano precisa desarrollar su voluntad para poder frenar sus deseos, impulsos o inclinaciones, y así evitar malos ratos o problemas.

255. *Se come para vivir, no se vive para comer.*
Se debe comer de acuerdo con una alimentación adecuada para proteger el desarrollo del cuerpo humano. Comer únicamente por el gusto o el placer de hacerlo, sin otras consideraciones alimenticias, puede acarrear consecuencias a la salud física y mental.

256. *Hay que llevar los pantalones en su sitio.*
Constituye el consejo de una persona a otra que está atravesando por una situación que reclama una actuación decidida y firme.

257. *En mi hambre, mando yo.*
El adulto debe tener la capacidad de manejar y dar dirección a sus asuntos.

258. *Se toca con los ojos y se mira con las manos.*
Este refrán, se ha oído quizás más en el pasado que en el presente, en boca de las madres. Se usa para enseñar a cuidar de los objetos de la casa, para que no se rompan y continúen siendo útiles.

259. *Contra el vicio de pedir, la virtud de no dar.*
Es conveniente que la persona aprenda a decir que no cuando percibe que otros demandan de ella abusivamente.

260. *Estar en la procesión y querer tocar las campanas.*
Constituye una crítica a aquellas personas que desean intervenir en todo y hasta en grado irrazonable.


## Conveniencia

261. *El que a buen árbol se arrima,*
*buena sombra le cobija.*
Estas palabras se oyen en relación con la situación donde una persona se beneficia de otra, por sus conocimientos, su dinero, poder o prominencia social.

262. *El que está cerca del uvero se come la mejor uva.*
Señala la ventaja de estar próximo a determinada fuente de provisión, con el objeto de beneficiarse fácilmente de la misma.

263. *Más vale flaco en la Cuesta del Mato*
*que gordo en la boca del gato.*
Puntualiza lo saludable que resulta mantenerse en una condición física adecuada, con el fin de correr menos riesgos de enfermedad.

264. *Más vale tuerto, que muerto.*
Destaca la importancia de escoger entre dos condiciones malas la menos perjudicial.

265. **Desde que se hicieron las excusas nadie queda mal.**
Se refiere a la gran habilidad de la gente para encontrar explicaciones sobre sus faltas: faltas de responsabilidad, de interés, de puntualidad, de cortesía y muchas otras.

266. **Dichoso el lujo y quien lo trujo.**
El lujo gusta a la humanidad ya que facilita el vivir y agrada a los sentidos. Por ende, el que lo puede disfrutar se regocija.

## Cooperación

267. **Hoy por ti, mañana por mí.**
Muchas veces cuando se ayuda a otra persona a salir de un apuro se oye este refrán. El mismo infiere que la persona que ayudó confía en ser ayudada cuando lo necesite.

268. **Al que se muda, Dios lo ayuda.**
Las personas que modifican su manera desagradable con otras, logran mejorar sus condiciones.

269. **Dando y dando pajaritos volando.**
Las deudas o los favores se deben pagar, cumpliendo así con responsabilidades contraídas.

270. **Hay que dar para recibir.**
Este refrán recomienda la generosidad, la cual atrae bendiciones terrenales y espirituales.

271. **El que tiene padrino se bautiza.**
Estas palabras de refieren a ls influencias y relaciones de que una persona se vale para conseguir la solución de un problema o necesidad.

272. **¿Quién es tu hermano? - Tu vecino más cercano.**
Recoge la importancia de la relación próxima entre vecinos,

la cual supone que éstos deben ayudarse como familiares, en momentos de necesidad.

## Cortesía

273. *Secretos en reunión son falta de educación.*
Si dos personas en un grupo se comunican entre sí mediante un susurro, el resto de los presentes se sentirá mal, pudiendo pensar que se les está criticando a sus espaldas.

274. *La palabra buena saca al marrano del monte.*
El buen trato con las personas tiene resultados mejores. Este refrán recuerda otro que dice: *Se cazan más moscas con miel que con vinagre.*

## Corrección

275. *El que peca y se enmienda, a Dios se encomienda.*
La persona que comete una falta pero corrige su conducta, se entrega a Dios pues confía en su misericordia.

276. *Dios escribe derecho en líneas torcidas.*
A veces cuando una situación de la vida parece disparatada o errada, Dios la endereza.

277. *La mentira a veces descubre una verdad oculta.*
Puede suceder que cuando se trata de explicar los detalles de una mentira o red de mentiras, se encuentre algo que estaba encubierto, lo cual puede ser la verdad.

278. *El que te raspó que te pinte.*
Se espera que se repare o corrija un daño que se haya hecho a otra persona.

279. *Le llegó el momento de la verdad.*
Estas palabras encierran el mensaje de que ha llegado el

momento de tomar una decisión, o de rendir cuentas. O hasta de la muerte.

## Costumbre

280. *El cerdo siempre busca el fango.*
Este refrán lleva la intención de denigrar a una persona por perpetuar un mal hábito o costumbre en su comportamiento.

281. *Moro viejo, mal cristiano.*
Se oye en relación a la dificultad que existe para que una persona cambie algún hábito que desde años ha formado.

282. *Perro viejo no aprende trucos nuevos.*
Igual al 281, el anterior, *Moro viejo, mal cristiano.*

## Creatividad

283. *La necesidad es la madre de la invención.*
La carencia de algo necesario para el vivir agudiza el ingenio y mueve a producir, remediando así el vacío.

## Crédito

284. *El que paga se acredita.*
Esta oración encierra un consejo sobre el valor de la honradez. El pagar deudas contraídas, se traduce en una buena reputación.

## Crianza

285. *Cría cuervos y te sacarán los ojos.*
Este refrán se refiere a aquellas personas que habiendo contribuido al bienestar de otros son maltratados por éstos.

**286. *Madre es la que cría, no la que pare.***
Se utiliza en reconocimiento de aquella mujer que, aunque no ha concebido y dado a luz a un hijo, se dedica con amor a criar un niño, pasando trabajos y sacrificándose para que éste se desarrolle como persona adecuada.

**287. *Se es en la plaza, como uno es en la casa.***
Aconseja a que el comportamiento de las personas sea tan correcto fuera del hogar con en éste.

**288. *Madre pía, daño cría.***
Entiende a la madre pía como una compasiva en exceso y que por consiguiente, no sabrá disciplinar sabiamente a sus hijos.

## Crítica

**289. *Le sacan punta hasta a una bola de billar.***
Censura aquellas personas que murmuran de otros sobre asuntos rebuscados por ellas mismas.

**290. *Sacar los trapitos al sol.***
Se usan estas palabras cuando alguien ha criticado la situación o el comportamiento de otra persona. Implica que lo que se tenía escondido o guardado ha sido expuesto.

## Curiosidad

**291. *El que escarba yaguas viejas siempre encuentra cucarachas.***
La persona que desea averiguar asuntos del pasado suele sorprenderse ante descubrimientos desagradables y bochornosos, sobre ella misma u otros.

**292. *Quien más mira, menos ve.***
La persona que curiosea a su alrededor, ocupándose parti-

cularmente del comportamiento de otros es precisamente la que menos capta, ya que su atención no puede fijarse en los detalles de mayor significación.

## Debilidad

193. *La soga rompe por lo más fino.*
A veces se dan situaciones de tirantez entre varias personas, siendo la más débil o inepta la que recibe la descarga más fuerte de los rencores.

## Decisión

294. *Más vale ser cabeza de ratón que cola de león.*
Una persona puede preferir una posición inferior a otra, porque le ofrece independencia y libertad para actuar.

295. *O calvo, calvo, o con tres pelucas.*
El ser humano se confronta, a veces, con situaciones dolorosas a las que responde con ambivalencia o dudas. Altera su comportamiento de un día para otro en forma contradictoria.

296. *Las estrellas aconsejan pero no obligan.*
La persona adulta tiene la responsabilidad de hacer sus propias decisiones. Los consejos pueden ayudar, pero el paso final, la resolución precisa hacerla el interesado.

## Delimitación

297. *Hay que estirar el pie hasta donde llegue la sábana.*
Puntualiza la sabiduría del ser humano de conocer hasta dónde se puede llegar en sus aspiraciones.

298. **No hay mal que dure cien años ni cuerpo que lo resista, ni médico que lo cure, ni medicina en botica.**
Este refrán estipula que todo problema o mal tiene un límite y por ende una solución, incluso la muerte.

299. **No hay carrera que no tenga fin.**
Ofrece la esperanza de que los esfuerzos, empeños o trabajos no son eternos, pues de una forma u otra se acaban.

300. **Lo comido, por lo servido.**
La persona una vez complacida o satisfecha mediante un favor o servicio, no debe pedir o exigir algo más.

## Dependencia

301. **Hay que sacarle las castañas del fuego.**
Existen personas con tan poca disposición o tan débiles de carácter que necesitan que otras les resuelvan sus problemas, pues no son capaces de valerse por sí mismas.

302. **Hay que echarle la comida en la boca y moverle la "quijá".**
Describe la persona indolente o vaga que necesita que otra le facilite los medios para actuar.

303. **No te llenes con lo que otro come.**
Recomienda que la persona debe disfrutar sus propias experiencias y no conformarse con la alternativa secundaria de vivirlas a través de otros.

304. **Quieren ganar indulgencias con escapularios ajenos.**
Algunas personas pretenden hacerse de méritos entre otros, particularmente importantes, a costillas de los esfuerzos de compañeros, amigos o parientes.

305. **Se deja caer para que lo carguen.**
Comentario en relación a la persona que se hace pasar como

humilde y sometida para lograr la aprobación y el reconocimiento de otros.

## Desacierto

306. *Coger el rábano por las hojas.*
A veces se comete el desatino de no percibir, o esquivar deliberadamente la médula o raíz de una situación. Por ello, ésta se acomete o se enfrenta superficial o equívocamente.

## Desconfianza

307. *Cuando no está preso lo andan buscando...*
Falta de fe en otra persona porque su comportamiento viola los cánones sociales.

308. *De cualquier maya salta un ratón.*
Sugiere una actitud de sospecha ante la probabilidad de toparse fácilmente con una contrariedad.

309. *De agua mansa me libre Dios, que de la brava me libro yo.*
Sugiere una actitud de desconfianza ante situaciones o personas difíciles pero que parecen no serlo.

310. *El jíbaro es cosa mala...*
Este refrán indica en forma velada la astucia del campesino, quien no se deja engañar con facilidad.

311. *En la boca del mentiroso lo cierto se hace dudoso.*
El hábito de mentir en una persona levanta sospechas sobre la veracidad de lo que dice.

312. *El que a solas se ríe de su picardía se acuerda.*
Se dice cuando una persona tiene dudas sobre otra a quien observa sonreída pero que no comunica su pensar o sentir.

313. **Un clavo saca otro clavo, si no se quedan los dos.**
Recoge aquellas instancias en que una persona olvida una preocupación o pena al presentársele otra. Este refrán también se aplica cuando una adquisición hace olvidar una pérdida.

314. **Soy como Santo Tomás, ver para creer.**
Se recurre a este refrán cuando se desea comunicar que se duda sobre la veracidad de algún asunto y, por ende, que se precisa de mayor evidencia o datos confiables.

315. **Juego de manos, juego de villanos.**
En ocasiones se puede observar a personas agrediéndose con las manos en son de broma y resultando lastimada alguna de ellas.

316. **El que no la hace a la entrada, la hace a la salida.**
Estas palabras se escuchan en ocasiones en que se augura un comportamiento inadecuado en alguna persona. Constituye un juicio valorativo que no ofrece alternativa, en términos de tiempo, al señalar que puede suceder al principio o al final de una relación personal, o en un empleo.

317. **Hijo de hija nieto será, hijo de hijo no sé si será...**
Presume este refrán el postulado de que un padre puede estar seguro de que el hijo de la hija, será su nieto. Sin embargo, en cuanto al hijo del hijo no podrá garantizar la paternidad del vástago.

318. **El papel aguanta todo lo que le ponen.**
Esta frase sugiere la posibilidad de que se puede escribir y escribir, verdad o mentira, pues el papel no presentará resistencia o se molestará como lo haría una persona.

319. **Uno no sabe para quien trabaja.**
En ocasiones se oye este comentario de personas sorprendidas ante demandas inesperadas y desconsideradas.

320. *De cualquier nube, sale un chubasco.*
Igual al 308, *De cualquier maya salta un ratón.*

321. *Bueno es el Señor y está en el cielo.*
Esta frase encierra una desconfianza generalizada hacia la bondad de la humanidad.

322. *Las doce, la que tenga a mi novio que no lo goce.*
La hora de las 12 del mediodía, la hora del Angelus, o de la oración, se torna en hora de sospecha y desquite, por los celos.

323. *Lo bueno poco dura.*
Estas palabras exponen un pensar pesimista sobre la bondad de las personas y cosas, ya que limita su disfrute a un tiempo escaso.

324. *Amigo de cien uno y de mil ninguno.*
Anticipa una seria dificultad para lograr una verdadera amistad, o sea, para hacerse de amigos.

## Desconocimiento

325. *Nadie tiene letrero en la frente.*
Estas palabras indican que las personas no se pueden conocer o entender con facilidad, debido a la complejidad de la personalidad humana.

## Desconsideración

326. *Ajotas los perros y después te trepas (o te encaramas).*
Se pueden observar, en ocasiones, cómo una persona luego de provocar en un grupo determinado una situación conflictiva y hasta amenazante, se desaparece o escapa.

## Descubrimiento

327. **No hay cosa secreta que tarde o temprano no se sepa.**
Esta frase refranera postula la vulnerabilidad del secreto, el cual puede descubrirse en cualquier momento.

## Desdén

328. **De mi maíz, ni un grano.**
Se emplea este refrán como comentario despectivo y altanero. Su motivación afectiva proviene de una actitud en la cual el egoísmo se mezcla con el desprecio, a veces con el resentimiento y en otras con la venganza solapada.

329. **El que se va, no hace falta.**
Se oye decir con tono de rencor o indiferencia que no hay nadie absolutamente necesario.

## Desempleo

330. **De dónde tela, si la araña no teje.**
Se refiere esta expresión al hecho de que no puede haber producción cuando no se utiliza el talento o esfuerzo correspondiente.

## Desengaño

331. **Cuando la pobreza entre por la puerta, el amor sale por la ventana.**
Si el amor es interesado o egoísta, desaparecerá al cambiar la situación beneficiosa que lo atrajo.

332. **El amor y el interés se fueron al campo un día, y más pudo el interés, que el amor que le tenía.**
En ocasiones es difícil distinguir en los sentimientos de las

personas si su acercamiento a otras responde a un amor sincero o a un interés solapado.

### 333. *No hay peor cuña que la del mismo palo.*
Comunica el desencanto de una persona al no recibir la ayuda que necesita del que ha sido amigo, ni de su compañero de empleo, ni de su propia familia.

### 334. *Con amigos así, ¿quién necesita enemigos?*
Comunica con pesar la traición de un amigo en quien se confiaba y a quien se apreciaba mucho.

## Desesperación

### 335. *Se agarran hasta de un palo de espinas.*
Estas palabras se usan para indicar que, a veces, cuando las personas se enfrentan a situaciones críticas, en su desesperación recurren a soluciones aunque les hagan daño.

### 336. *Lobo hambriento, no tiene asiento.*
La insatisfacción de una necesidad básica, como por ejemplo el cariño, el alimento, la ropa y el techo, provoca un gran estrés o intranquilidad angustiosa en la persona.

## Desinterés

### 337. *Músico pago no toca bien.*
Puntualiza la importancia de la motivación en el comportamiento humano. La persona que ha perdido el interés porque ya consiguió lo que quería no ejecuta a cabalidad la labor que se suponía hiciese.

### 338. *No tengo velas en este entierro.*
Se entiende por esta frase que la persona no tiene incumbencia ni responsabilidad en un asunto o lío desagradable de índole familiar, del trabajo, o del negocio.

## Desolación

### 339. *Más perdida que cucaracha en baile de gallinas.*
Se usa este refrán para describir el sentir de una persona al encontrarse en un lugar extraño y amenazante para su seguridad.

## Desorientación

### 340. *La fiebre no está en la sábana.*
A menudo se atribuye una causa a un factor equivocado por no estudiarse cuidadosamente la situación.

### 341. *La envidia es mala consejera.*
El resentir el bien que otros poseen puede inducir a una persona a lograrlo en cualquier forma, aun a costa de sus principios éticos.

### 342. *El que no oye consejos no llega a viejo.*
En el vivir es conveniente oír recomendaciones de otras personas, pudiéndose evitar así malos ratos o quizás hasta sucesos desgraciados.

### 343. *Más perdido que un juey bizco.*
Pone al relieve la situación en que se encuentra la persona que carece de una visión correcta hacia donde dirigirse.

### 344. *Quien anda mal, acaba mal.*
Constituye una advertencia para evitar los malos pasos que por ser inadecuados no pueden conducir al bien.

### 345. *Es como un ciego guiando a otro ciego.*
Censura a la persona incompetente que aconseja o ayuda a otra que está necesitando con urgencia una orientación adecuada.

346. *No sé dónde estoy*
*Ni quién me trajo*
*Ni de dónde vine*
*Ni para dónde voy.*
Describe el estado de ofuscación o extravío en que puede
sumirse una persona.


## Despreocupación

347. *Muchas mujeres en casa y la comida se abrasa.*
Suele suceder que debido a la falta de atención o diligencia
de varios expertos o personas capacitadas, los resultados de
su labor resultan fallidos.

348. *La última la paga el diablo.*
Este refrán describe la actitud de cansancio irresponsable de
una persona ante el pago de numerosas deudas.

349. *Allá ellos, son blancos y se entienden.*
Comentario que se usa para no involucrarse en determinada
situación conflictiva, dejándola en manos de aquellos a
quienes se juzga responsables.

350. *Agua pasada no mueve molinos.*
Las cosas del pasado deben caer en el olvido ya que han perdido su oportunidad, utilidad o pertinencia para el presente.

351. *Allá Marta con sus pollos.*
Estas palabras recomiendan la conveniencia de no
entrometerse en los asuntos de otras personas.

352. *En casa del herrero azadón de palo.*
Se utiliza este refrán para describir la situación donde falta
lo que no debería faltar por negligencia o pereza, porque
sobran los recursos para tenerlo.

353. *Mira la bola pasar y déjala correr.*
Este refrán recomienda que a veces es mejor observar una situación y dejarla pasar sin involucrarse en ella.


## Destinación

354. *¿Dónde irá el buey que no are?*
Queja de una persona que aunque ha cambiado de lugar, su mala situación continúa, encontrándose en las mismas circunstancias.

355. *El que nace para maceta no sale de los corredores.*
Existen personas dotadas de tan escasas capacidades que les será muy difícil cambiar.

356. *La batata que no está para uno, no hay mocho que la saque (o ningún ratón se la come).*
No importa los esfuerzos que haga una persona por lograr algo, si no le está destinado no le llegará.

357. *Lo que empieza mal, termina mal.*
Las circunstancias humanas que se han iniciado fuera de lo certero, no pueden llegar a un fin exitoso.

358. *Lo que es pa´uno entra por la puerta.*
Refleja una actitud de gran confianza en que se logrará aquello que se considera una legítima aspiración personal.

359. *El que nace para chavo, nunca llega a vellón.*
Este refrán con su tono derrotista se utiliza para indicar que la suerte se muestra adversa a los esfuerzos que se hagan por mejorarla.

360. *El que nace pa' bombero, del cielo le cae el sombrero.*
Comentario en relación a aquellas personas que todo les sale bien, o parecen señaladas para triunfar.

## Desviación

**361. *El matrimonio es como el flamboyán, empieza con flores y termina con vainas.***
Se utiliza para describir aquel matrimonio en el que luego de unos años de armonía conyugal comienzan las amarguras, provocadas por la discordia y la frustración de la pareja.

**362. *Va para atrás como el cangrejo.***
Hace alusión a una persona que en vez de progresar en su vida, se le observa retrocediendo y perdiendo el éxito alcanzado.

**363. *Ya los pájaros le tiran a las escopetas.***
Se escuchan estas palabras en referencia a la juventud y de parte de personas de mayor edad. La frase representa el cambio social entre las generaciones.

## Determinación

**364. *Pa' atrás, ni pa' coger impulso.***
Una persona que está decidida a progresar, a seguir adelante para alcanzar una meta determinada, nunca dará un paso atrás en su trayectoria, pues perderá tiempo, energías y entusiasmo.

**365. *No es llegar, sino quedarse.***
Trata sobre la actitud que debe reflejar la persona que se inicia, por ejemplo, en un empleo, o quehacer. Lo importante no es adquirir el puesto, lo significativo es desempeñarse exitosamente, demostrando la competencia debida.

**366. *El camino malo se anda ligero.***
La persona que tiene que afrontar una situación desagradable no debe posponerlo una y otra vez, alargando así su angustia. Por el contrario, le resultará menos doloroso el acortar la espera, mediante una acción rápida.

367. *Si la montaña no viene a Mahoma,*
*Mahoma va a la montaña.*

Expresión que se usa para describir el valor de una persona para enfrentarse a otra anticipándose o saliéndole al paso a fin de lograr su propósito.

## Diferenciación

368. *El pájaro se conoce por la pluma.*

Aconseja sobre la necesidad de saber observar a las personas para poder establecer diferencias.

369. *Esa es harina de otro costal.*

Se utiliza para señalar que una situación dada o asunto determinado aunque parecida a otra, es diferente.

370. *No es igual el decir que el hacer.*

Existe una marcada distinción entre la palabra y la acción. La persona puede hablar de lo que va a hacer, pero puede dejar de hacerlo y en contraste puede hacerlo, sin mucho hablar.

## Dilución

371. *Muchos limosneros pierden la limosna.*

En una circunstancia donde ha de distribuirse algún dinero, comida u objetos, la cantidad que reciba cada cual será menor si son muchos los elegibles.

## Discernimiento

372. *El último que ríe, ríe mejor.*

A veces las personas por la ligereza de su razonar y decir creen llevar las de ganar. Sin embargo, pronto se dan cuenta de que aquél que tomó su tiempo y reflexionó fue a quien la ventura le sonrió.

373. **En cojera de perro y lágrimas de mujer
no hay que creer.**
Las lágrimas de mujer duran poco, suelen ser demasiado
expresivas y la exageración puede significar falsedad.
Advierte, pues, este refrán sobre la buena observación para
no ser fácil presa de engaños.

374. **Una victoria del mal, no significa el triunfo.**
La persona debe ponderar cuidadosamente la situación
adversa que le rodea, ya que su solución no garantiza que
no han de surgir complicaciones.

375. **Cada cual sabe de la "pata" que cojea.**
Por lo general, cada persona en su interior sabe o conoce sus
debilidades o defectos.

376. **Más vale un "por si acaso", que un "lo pensaré".**
Invita a la persona que solicita algo de otra a distinguir entre
aquella que le ofrece alguna esperanza con el comentario de
*"por si acaso"*, de la que nada le augura, pues tiene que
pensarlo.

377. **Lo que por mal repudiamos es nuestra felicidad.**
Se observa, a veces, en las vidas de la gente que luego de
haber rechazado alguna cosa, suceso o persona se dan
cuenta de que aquello o aquel pudo haberle ocasionado
alguna dicha.

378. **No cambies oro por cobre.**
Es importante que se sepa apreciar el valor verdadero de las
cosas y de las personas.

379. **El cebo es lo que engaña, no el pescador, ni la caña.**
En una situación en que se ha cometido un engaño es
necesario determinar con precisión el cómo se realizó, para
que la persona perjudicada pueda protegerse en el futuro,
aprendiendo de la experiencia.

380. **No sufras calenturas ajenas.**
Las personas deben saber discernir entre sus propios problemas y aquellos de otros, por los que no deben preocuparse o sufrir.

381. **Porque lo veas peludo no creas que es carnero.**
Las apariencias de las personas y de las cosas pueden engañar. De ahí la necesidad de no dejarse confundir por rasgos similares entre objetos y personas.

382. **Eso es como tirarle perlas (o margaritas) a los cerdos.**
Es necesario saber aquilatar el calibre de las personas particularmente de aquellas con quienes se comparte generosamente.

383. **No es lo mismo con violín que con guitarra.**
El ser humano a través de su existencia se enfrenta a una variedad de situaciones, unas fáciles y otras difíciles. Por lo tanto, para manejarlas adecuadamente es preciso distinguir el tono y la repercusión particular de cada una.

384. **No es lo mismo, ni se escribe igual.**
Es preciso que las personas desarrollen la capacidad de distinguir las cosas entre sí y las gentes unas de otras, al igual que sus actuaciones.

## Discreción

385. **Que tu mano izquierda no sepa lo que hace la derecha.**
Se utiliza este refrán con frecuencia para asociar la virtud de la modestia a la de la caridad. En otras palabras, no divulgar a los cuatro vientos el favor que se ha hecho.

386. **Piensa para hablar y no hables para pensar.**
En ocasiones se escucha a una persona que dice *pensando en alta voz...*, o sea, que no ha pensado lo que está comunicando, lo cual puede ser arriesgado.

387. *Del mal el menos.*

Consuelo para la persona, que ante un mal o situación desgraciada, es capaz de reducir el grado de su severidad o consecuencias.

388. *En boca cerrada no entran moscas.*

Encierra un consejo de sabiduría pueblerina al recomendar la prudencia en el hablar. Se refiere tanto a la insensatez en el decir como a la oportunidad de dar pábulo a comentarios torpes sobre otros.

## Disposición

389. *Cuando te den el anillo, pon el dedillo.*

Este refrán describe la actitud de estar alerta, dispuesto o preparado según lo prescribe la circunstancia en cuestión.

390. *La mujer y la guitarra para tocarlas hay que templarlas.*

Recomienda que la mujer como la guitarra, para que respondan con armonía, precisan de una preparación o acercamiento especial.

## Distinción

391. *El que sabe, sabe y el que es tipo es tipo.*

Se emplea para hacer resaltar cierta cualidad en una persona que la hace descollar entre otras.

## Diversidad

392. *Hay de todo en la viña del Señor.*

Destaca la variedad de personas que existen con gustos, costumbres y valores diferentes.

## Egoísmo

**394. *Cada cual arrima las brasas a su sardina.***
Este refrán se dice cuando se mira sólo por el propio interés. Atribuye al ser humano una cualidad egoísta, la cual se evidencia en el empeño de beneficiar a los suyos cuando lo cree conveniente.

**394. *El que venga atrás que arree.***
Hace referencia a la actitud de la persona que se lucra de una situación, sin preocuparse de las consecuencias que pueda tener para otros.

**395. *Es como el perro del hortelero que,
ni come ni deja comer al amo.***
Describe el comportamiento de una persona que por cualquier motivo no actúa en una situación, pero tampoco deja que otro lo haga, no participa, ni lo permite.

**396. *Es como la ley del embudo, lo ancho pa' mí,
lo estrecho pa' ti.***
Queja sobre la actitud de una persona cuando procura lucrarse ventajosamente a sí misma, en perjuicio de otros.

**397. *Dan el ala para comerse la pechuga.***
Algunas personas en su aparente generosidad para con los demás, procuran hacerse el bien a sí mismas.

**398. *Ande yo caliente y ríase la gente.***
Se dice de aquel que busca su comodidad despreocupándose de lo que digan o piensen los demás. Estas palabras representan una actitud totalmente individualista.

**399. *Cada cual se reparte con la cuchara grande.***
Igual al *Cada cual arrima las brasas a su sardina,* número 393.

400. **Es como el cerdo que se rasca pa' entro.**
Señala a la persona cuya satisfacción no es compartida, es para sí solamente, los otros no importan.

401. **Cuando la codicia del pedir es mucha. El hombre ruega, pero Dios no escucha.**
Existen personas que no se conforman con el bienestar que posee y tratan de lograr más y más comodidades de todas maneras.

## Ejemplo

402. **Bien predica, quien bien vive.**
La persona que lleva una vida de honestidad en sus actos, predica sin palabras, porque estimula o inclina a otros a ser como él.

403. **Hijo eres, padre serás, según lo hiciste, así lo verás.**
De acuerdo con la forma en que los hijos tratan a sus padres, así serán tratados por sus propios hijos.

404. **Cual el amo, tal el criado.**
Se espera que el amo eduque al criado en cuanto a las costumbres del hogar, de manera que el segundo refleje en sus maneras cómo es el primero.

405. **El viejo mal hablado hace al joven desvergonzado (o al muchacho malcriado).**
La persona de mayor edad está llamada a ser modelo, mediante su comportamiento, de la más joven. Si su comportamiento está reñido con las buenas costumbres será responsable de que el joven lo imite.

406. **Como canta el abad, responde el sacristán.**
La persona mediante una buena acción incita o estimula a otra a hacer lo mismo. Sugiere también este refrán que los subordinados suelen imitar a sus superiores.

407. **De tal padre, tal hijo.**
Indica la importancia del padre como modelo a ser imitado por su hijo. Da por sentado, pues, que según se comporte el padre así lo hará el hijo.

408. **El que bien vive bien cría.**
Estas palabras de refieren a los padres y señalan que aquellos cuyas vidas se rigen por principios éticos crían adecuadamente a sus hijos, por tener claros los cánones de la buena conducta.

409. **La ley entra por casa.**
El ciudadano respetuoso del orden público y de la reglamentación social precisa respetar también las normas del hogar, ya que de otra forma su comportamiento resultará hipócrita ante los demás.

410. **Predicar la moral en calzoncillos.**
Este refrán se usa como crítica a aquellas personas que sermonean sobre la moral pero cuya conducta contradice sus prédicas.

## Engaño

411. **Caballo malo se vende lejos.**
Aprovecharse del desconocimiento o la ignorancia ajena para beneficio propio.

412. **El perjudicado es el último enterado.**
A veces se observa que las situaciones desagradables y hasta a veces bochornosas le son ocultadas a quien más le incumben.

413. **Perro que ladra no muerde.**
Sugiere el no dejarse amedrentar por voces fuertes o altisonantes en otras personas quienes así reflejarán su inadecuación.

### 414. *Tira la piedra y esconde la mano.*

Este refrán se usa comúnmente para describir a la persona que ha hecho daño (en formas diversas) y luego entretiene, distrae o esconde la verdad, o sea, su culpabilidad.

### 415. *Galgo que muchas liebres levanta ninguna mata.*

Aquella persona a quien se observa sumamente activa, moviéndose en diversas direcciones, a la larga no tiene éxito.

### 416. *Le dieron gato por liebre.*

Se oyen estas palabras cuando la persona pide o paga por un objeto determinado, pero recibe otra cosa.

### 417. *Tú tienes dos caras, como el yagrumo.*

Recuerda los lados diferentes de las hojas del yagrumo e implica que existen personas que cambian de una actitud a otra, no son cumplidoras de sus palabras, compromisos o responsabilidades.

### 418. *Lo cogieron como a los indios, con cuentas "colorás".*

Este refrán se aplica a las circunstancias en que a una persona se le engatusa para lograr de ella lo que se desea, aunque sea contrario a su voluntad.

## Enjuiciamiento

### 419. *Con la misma vara que midas, serás medido.*

Las personas olvidan que, según sea su comportamiento con otros, en igual forma han de comportarse con ellas.

### 420. *Consejos vendo y para mí no tengo.*

A algunas personas les resulta más fácil aconsejar a otras a resolver sus problemas, que encontrar solución a los suyos.

### 421. *Peca más el que paga por pecar, que el que peca por la paga.*

Este refrán juzga que tiene mayor maldad el que paga para

que otra persona actúe mal, que el que por necesidad económica se procura dicha paga.

## Entrometimiento

**422.** *El metiche nunca muere en su casa.*
La persona que se mete en asuntos que no le incumben dedicando gran parte de su tiempo a ello, se expone a involucrarse en situaciones peligrosas.

## Envidia

**423.** *La suerte de las feas las bonitas la desean.*
Se utiliza este refrán para recalcar que la belleza física no es el único atractivo que tiene una mujer para tener éxito.

**424.** *Me gustaría hacer todo lo que el muerto hizo menos morir.*
Este refrán se usa a veces, en un velorio para comentar el deseo de emular al difunto, disfrutando de lo que este tuvo menos la muerte.

## Equivocación

**425.** *Caridad contra caridad, no es caridad.*
Si una persona al ayudar a otra se priva a sí misma, el acto no resulta virtuoso.

**426.** *Fue peor el remedio que la enfermedad.*
Este comentario se emplea  para señalar que la solución aplicada a un problema ha tenido resultados más adversos que éste.

## Escrúpulo

### 427. *El que repara en pelo, no bebe la leche.*

Constituye una advertencia para aquellas personas que dudan habitualmente de las cosas, basándose en nimiedades.

## Esfuerzo

### 428. *Barco parado no gana flete.*

La persona que no trabaja, o que no rinde su labor no tiene derecho a jornal.

### 429. *El que necesita anda.*

La persona que tiene una necesidad no importa su naturaleza se ve precisada a buscar la manera de satisfacerla.

### 430. *Ir contra viento y marea...*

Así se expresa quien desea indicar que logró lo que deseaba mediante un gran esfuerzo, al verse obligado a sobrepasar graves obstáculos.

### 431. *El trabajo no mata a nadie (o a la gente).*

La laboriosidad no es peligrosa para la salud, no acaba con la vida.

### 432. *Lo que mucho vale, mucho cuesta.*

El valor de las personas como el valor de los objetos se puede medir por el costo de su *hechura.* Las personas por su disciplina, principios, abnegación y capacidades pueden alcanzar gran distinción social en una comunidad. Objetos producidos artísticamente cuestan mucho dinero pues han requerido la aplicación de talento.

### 433. *Yo no me crié con leche pedida.*

Expone el orgullo de la persona que fue criada en una familia donde sus padres por medio de su trabajo y sin depender de nadie pudieron darle lo necesario para su desarrollo.

**434. Más vale feo remiendo que bonito agujero.**
Un remiendo aunque no constituya una belleza, representa el esfuerzo o la gestión de corregir o reparar un desperfecto.

**435. Quien no mata puerco, no come morcilla.**
El que no hace el esfuerzo, no puede tener el resultado que desea.

**436. Anduvo la Ceca y la Meca y la Tortoneca.**
Indica el cúmulo de diligencias hechas por una persona en su caminar de un sitio a otro, para lograr un propósito determinado.

**437. Hay que hacer de tripas corazones.**
Estas palabras se escuchan de personas envueltas en situaciones difíciles cuya solución reclama un gran valor o esfuerzo.

**438. Si quieres buena fama, no te dé el sol en la cama.**
La persona debe levantarse temprano para iniciar su trabajo con entusiasmo y determinación para que, a su debido tiempo, tenga la satisfacción que conlleva el triunfo.

**439. Cuando no puedes con la cruz, la arrastras.**
En la existencia humana hay situaciones tan dolorosas que se describen como *una cruz*, la cual es a veces cargada con hidalguía y otras veces simplemente arrastrada.

**440. Si quieres buen sirviente, sírvete tú mismo.**
Algunas personas censuran con facilidad a quienes le sirven, manifestando su insatisfacción con la calidad de los servicios recibidos. Estas personas deben servirse a sí mismas para así estar enteramente satisfechas.

**441. No hay atajo sin trabajo.**
Hay quien con la intención de hacer el menor esfuerzo posible busca formas para abreviar o hacer más rápido el

descargue de sus funciones o responsabilidades, pero fracasa haciendo entonces más ardua su labor.

442. **El que bien siembra, bien cosecha.**
Esta frase indica que las tareas o las actuaciones bien hechas tienen resultados buenos.

443. **Siembra semillas y frutos recogerás.**
Aconseja a la persona a trabajar para que al cabo de un tiempo recoja la recompensa de su dedicación.

444. **El que labra la tierra se hartará de pan.**
Igual a *Siembra semillas y frutos recogerás*, el refrán anterior, número 443.

445. **Libro cerrado, no saca letrado.**
La persona que desea hacerse de un oficio, carrera o profesión tiene que estudiar con tesón y con provecho.

446. **No hay peor gestión que la que no se hace.**
Para lograr una meta deseada es preciso hacer las diligencias necesarias, sean estas fáciles o difíciles.

447. **No te duermas en las pajas.**
La persona no puede descuidar sus asuntos, por lo tanto debe atenderlos con afán persistente.

448. **El que tiene tienda, la atiende o si no la vende.**
La persona que posee algún negocio o intereses personales debe atenderlos o liberarse de estos, pues corre el riesgo de perderlos.

449. **El que puede lo más, puede lo menos.**
La persona que tiene la fortaleza para afrontar con éxito situaciones sumamente difíciles podrá, sin duda, lidiar con dificultades de poca importancia.

450. **Probando es como se guisa.**
Cuando una persona carece de la destreza o competencia para realizar una labor pero tiene la determinación de realizarla, comenzará experimentando poco a poco hasta tener éxito.

451. **A Dios rogando y con el mazo dando.**
La petición, que mediante la oración se hace a Dios, debe ser secundada por una actividad o quehacer constante en el peticionario, es decir, dando pasos con valor y vigor en dirección al fin deseado.

452. **Al que madruga, Dios le ayuda.**
La persona diligente, previsora, dispuesta y trabajadora se gana la ayuda de Dios.

453. **Ayúdate que Dios te ayudará.**
La persona debe tratar de dar los pasos que pueda, aunque le parezcan torpes o insignificantes.

454. **Barco que no anda no llega a puerto.**
Si a una persona le interesa alcanzar una meta determinada, precisa dar los pasos necesarios para llegar a ésta.

455. **Dios dice ayúdate que yo te ayudaré.**
Igual que el número 453.

456. **El Domingo de Ramos, el que no estrena no tiene manos.**
La intención de este refrán es indicar que para lucir algo nuevo en un día festivo, es preciso hacer la diligencia por medio del trabajo para conseguirlo.

En el pasado las mujeres en Puerto Rico acostumbraban lucir algo nuevo en el vestir para ir a la iglesia el Domingo de Ramos.

## 457. *El movimiento se demuestra andando.*
Para alcanzar una meta es preciso esforzarse, lo cual implica actividad y es contrario a la pasividad, o sea, al no hacer.

## 458. *El que busca encuentra.*
La persona precisa desplegar su iniciativa para encontrar aquello que necesita. Otros no pueden hacerlo por ella.

## 459. *El que no llora no mama.*
La persona que no se hace sentir no fija en sí la atención de los demás cuando lo necesita, por lo que no nutre su existencia como ente social.

## 460. *El que no trepa no come.*
En sentido figurado, este refrán señala que el sustento diario es preciso ganarlo mediante el trabajo.

## 461. *El que quiere azul celeste que le cueste.*
Se interpreta este refrán en el sentido de que la persona que desea algo mas allá de lo corriente, precisa pasar trabajos para alcanzarlo.

## 462. *El que quiere pescado que se moje los pies.*
La persona para obtener lo que desea o necesita tiene que esforzarse o pasar trabajos.

## 463. *El que quiere presumir tiene que sufrir.*
Este refrán tiene un mensaje similar al del 461 y 462.

## 464. *El que tiene nariz que no mande a oler.*
El vivir no se puede delegar en otros, requiere que la persona se involucre en toda clase de experiencias.

## 465. *Hay que sembrar para cosechar.*
Explica que para recoger frutos de cualquier naturaleza el hombre necesita esforzarse y desempeñar las tareas apropiadas.

466. *Pájaro de una sola enramada no hace nido.*
Si la persona desea alcanzar una meta producto de su creatividad tiene que desplegar una serie de diligencias o actividades diversas.

467. *Para nadar hay que tirarse al agua.*
Estas palabras encierran el consejo de que para alcanzar una meta o lograr un propósito es necesario exponerse y a veces correr el riesgo de la actuación.

468. *Piedra movediza no cría moho.*
Aconseja que la persona que no desea estancarse debe mantenerse activa, esforzándose constantemente.

469. *Si quieres pescar tienes que mojarte la ropa.*
Este refrán tiene el mismo significado que el número 462.

## Esperanza

470. *Mañana será otro día.*
Personas que se encuentran preocupadas por algún problema, con frecuencia confían en que en un futuro cercano, podrán resolver la situación que les aflige.

471. *El que canta, sus penas espanta.*
Se dice de la persona que disimula sus pesares canturriando, para dar a entender que está alegre y aleja por momentos su tristeza.

## Estilo

472. *En la sencillez está la elegancia.*
El adorno excesivo en la persona le resta gracia y donaire y está reñido con la elegancia de lo sencillo.

473. **Cada maestrillo tiene su librillo.**
Cada persona refleja en el desempeño de sus deberes o tareas la manera o forma de hacer sus cosas, es decir, el estilo de su propio ser.

## Exageración

474. **De caridad y capital, la mitad de la mitad.**
A menudo se oyen expresiones cuantitativas sobre donaciones caritativas o estados financieros de las gentes que aparentemente no responden a la verdad.

475. **Hacen de un grano de arena una montaña.**
Estas palabras constituyen voces de alerta a la cordura, en situaciones en que un acontecimiento sumamente simple ha sido interpretado como altamente complicado.

476. **Hay quien hace una tormenta en un vaso de agua.**
A este refrán se le atribuye la misma interpretación que la del anterior, 475.

477. **No se pierde ni un bautismo de muñeca.**
Censura a aquellas personas que siempre están presente en actividades sociales, sean éstas de mucho o de escasa importancia.

## Exasperación

478. **El que espera, desespera.**
Esta frase describe el sentimiento de impaciencia que embarga a una persona cuando espera por otra o por un acontecimiento que confía ha de suceder.

## Excepción

479. *No todo lo que guinda se cae.*
Estas palabras encierran una actitud defensiva para indicar que aunque una situación dada es precaria no tiene que fracasar.

## Exigencia

480. *El que quiere a Beltrán quiere su can.*
Este refrán consiste en una enfática petición como suelen hacerlo algunas personas, al demandar que si se les quiere a ellas, se tiene que querer todo lo que les concierne.

481. *Hasta los gatos quieren zapatos.*
El mundo en que vivimos particularmente en los países más desarrollados un consumo exagerado se ha hecho sentir. Los padres lo perciben frecuentemente en las demandas de sus hijos para presumir por encima de lo que les permite su situación económica.

482. *Tras de manda'o, raspa'o.*
Comunica la queja de la persona a quien, luego de haber hecho un favor, se le exige más.

## Éxito

483. *Huevo puesto, gallina cantando.*
Este refrán señala la satisfacción de la labor cumplida cabalmente.

## Experiencia

484. *Buey viejo ara bien.*
Identifica la pericia como producto de la experiencia adquirida al correr de los años. Un sentido similar es ofrecido por el

refrán español que dice: *Buey viejo, surco derecho,* aplicado a los hombres que guiados por su inteligencia y práctica, manejan bien sus encargos u oficios.[1]

### 485. *Hay que vivir para ver.*
La experiencia del vivir enseña constantemente. Este refrán puede también explicarse en expresión sarcástica ante un espectáculo chocante.

### 486. *Más sabe el diablo por viejo que por diablo.*
Se destaca en este refrán la sabiduría de la vejez. Los años vividos constituyen un caudal de conocimientos tanto sobre el bien como sobre el mal.

### 487. *Nadie escarmienta en cabeza ajena.*
Plantea la importancia del aprendizaje mediante la vivencia de experiencias del propio yo y no mediante el de otros.

### 488. *No hay mejor fiscal que el que ha sido apuñalado.*
Aquel que ha sentido el dolor en su propia carne o alma, conoce de penas y por ende puede ofrecer una opinión autorizada.

### 489. *Cuando el mal de uno es nuevo, el de otro es viejo.*
La persona abatida por un serio problema puede sentirse sola y creerse la única que vive tal dolor, sin embargo al compartir su situación con un amigo se da cuenta que éste muchos años antes había confrontado una situación similar.

### 490. *La vaca es novilla hasta que pare.*
Las experiencias de la vida, particularmente la maternidad, contribuyen a la madurez en la mujer.

### 491. *Todo mal pagador es buen cobrador.*
Las experiencias de haber sido un mal pagador, tales como

---

[1] Suñé. *Refranero clásico,* p. 55

los momentos incómodos del recibo de cuentas sin pagar y el enfrentarse personalmente a cobradores, pueden capacitar a éste muy bien para desempeñar el papel de cobrador.

**492. *Está probando su propia medicina.***
Este decir popular se refiere a la persona que está experimentando en su propio ser el malestar que causó a otra.

**493. *Chivo que rompe tambor, con su pellejo lo paga.***
La persona que comete un error, con dolor lo repara.

**494. *Aprender a fuerza de palos.***
Postula que algunas personas sólo aprenden mediante la repetición de experiencias angustiosas.

**495. *Los tropezones aclaran la vista.***
Dramatiza gráficamente el comportamiento de aquel que al tropezar mira para determinar la causa de su traspié. Recomienda, pues, que si la persona en su vivir sufre un desencanto, el suceso debe servirle para ganar mayor madurez, para evitar futuros *tropezones*.

## Fatalidad

**496. *Árbol que crece torcido, jamás su tronco endereza.***
Estas palabras expresan una actitud pesimista ante aquel ser humano que tiene conflictos con la ley y el orden social. Es decir, descartan la posibilidad de la rehabilitación.

**497. *A ése no lo salvan ni las once mil vírgenes (ni el médico chino).***
Hace alusión a condiciones críticas humanas, entre las que puede encontrarse una grave enfermedad. Ante las mismas aparentemente no existe esperanza de poder encontrar una solución adecuada.

498. *El último mono siempre se ahoga.*
La persona fuerte y capaz ocupa con éxito posiciones de
primera fila, pero el débil e inferior carga con los fracasos y
las desdichas.

## Flexibilidad

499. *No hay regla sin excepción.*
Toda organización humana grande o pequeña tiene que
responder a una serie de reglas para poder funcionar
adecuadamente. Toda regla, debido a la propia naturaleza
humana y a la diversidad de sus manifestaciones, no puede
ser una camisa de fuerza, debe pues poseer la flexibilidad
necesaria para poder adaptarse a circunstancias especiales.

## Fortaleza

500. *Si quieres ser servido, tienes que ser sufrido.*
Las personas que son servidas, deben ser pacientes y
consideradas con aquellas que les sirven, porque los criados
pueden tener sinsabores.

501. *Lo último que se pierde es la esperanza.*
Se puede observar en la vida cotidiana cómo aquellas
personas que confrontan serias y dolorosas dificultades
derivan valor al confiar que encontrarán soluciones y que los
días amargos terminarán.

502. *Cada guaraguao tiene su pitirre.*
Valor y persistencia para acometer una situación peligrosa,
en la cual existe una aparente desigualdad entre una parte
que tiene poder y otra que no lo tiene.

503. *El que aguanta una, aguanta dos.*
Palabras que se usan para describir la virtud de la fortaleza
mediante la cual la persona soporta con valentía los infortunios
de la vida.

## Fracaso

### 504. *Le salió el tiro por la culata.*
Define la situación en la cual una acción dirigida hacia un propósito determinado puede fallar y perjudicar al propio actor, particularmente cuando se intenta causar un perjuicio.

### 505. *Predicar la moral en el desierto.*
Se recurre a esta expresión cuando la persona se da cuenta que pierde su tiempo miserablemente al predicar la ética donde nadie le escucha.

### 506. *Salió por lana y volvió trasquilado.*
Explica la situación de la persona que emprende una obra prometedora de triunfo y no solamente fracasa sino que también queda desacreditada.

### 507. *Se quedó vestida y "alborotá".*
Este refrán se usa para describir el estado de enojo e irritación en que se encuentra una persona luego de haberse preparado para algún evento y el mismo ha sido malogrado.

### 508. *Tanto nadar para ahogarse en la orilla.*
Se entiende por este dicho refranero que, a veces, los esfuerzos de una persona por alcanzar algo, fracasan cuando ya estaba a punto de tener éxito.

### 509. *A mala hora no ladra el perro.*
Suele acontecer que a pesar de la preparación y precaución tomadas en relación con algún asunto sucede aquello que no se había previsto o anticipado.

### 510. *Se le fue el gozo al pozo.*
Esta frase refranera se usa para explicar que la alegría que se tenía ha terminado, o para indicar que no se ha logrado aquello que se intentaba conseguir.

## Gratitud

### 511. *No todo lo que se anuncia, viene.*

No todo lo que una persona pregona, a veces vanidosa y maliciosamente, ha de suceder.

### 512. *A caballo regalado no se le mira el colmillo.*

El regalo o dádiva que se recibe no debe ser objeto de examen crítico o ponderativo.

### 513. *Amar con amor se paga.*

Cuando se recibe amor de otras personas se contrae una deuda también de amor, la cual debe retribuirse.

## Herencia

### 514. *De casta le viene al galgo ser rabilargo.*

Destaca este refrán la importancia de los rasgos hereditarios de las personas.

### 515. *De tal palo, tal astilla.*

Este refrán tiene el mismo significado que el anterior, número 514.

### 516. *El que no tiene dinga, tiene mandinga (o cuando no es dinga es mandinga).* [1,2]

Este refrán se refiere a la herencia negroide del puertorriqueño y también se oye decir cuando se critica a alguien, porque si no tiene una falta, tiene otra u otras.

---

[1] Vox, *Diccionario General Ilustrado de la Lengua Española,* Segunda Edición 1967 (página 1051) el vocablo mandinga quiere decir de una raza negra de Africa.

[2] El *Diccionario de la Real Academia,* en su edición de 1970 (p. 835) define mandinga en términos de los negros del Sudán Occidental. En una segunda acepción en referencia a América indica: "Nombre del diablo en el lenguaje de los campesinos".

A veces el refrán aparece así: *Si no tiene dinga, tiene mandinga y si no, mandinguita.*

517. **El que no tiene de congo tiene de carabalí.**
Estas palabras se pueden interpretar igual al número 516.

518. **Hijo de gato, caza ratones.**
Igual que el número 514.

519. **Quien lo hereda no lo hurta.**
Se usa en referencia a los hijos que manifiestan las mismas características, defectos o virtudes de sus padres.

520. **Por el hilo, se saca el ovillo.**
Por los indicios de un asunto se puede comprender cómo se ha ido desarrollando.

521. **Premio merece quien a los suyos se parece.**
Comentario refranero que se usa cuando se desea dar reconocimiento a alguna persona por haber actuado con la corrección que lo hubiese hecho su padre, abuelo, tío o familiar allegado, quien se ha distinguido en el pasado.

522. **Pájaro de mal natío es quien ensucia en el nido. (op. mal nacido)**
No es una buena persona quien habla mal de los suyos, es decir de su propia familia.

523. **Según es el bejuco así debe ser la batata.**
Este refrán indica que por las características de unos padres se puede predecir cómo serán sus hijos.

## Hipocresía

524. **Amor de viuda rica, con un ojo llora y con el otro repica.**
La seguridad económica disminuye la intensidad de la pena.

525. *Dime de qué haces gala y te diré de lo que adoleces.*
Este refrán también se oye decir como sigue: *Dime de lo que te alabas y te diré de lo que careces.* Se refiere a la cualidad humana de desear aparentar lo que en realidad no se es.

## Honradez

526. *El que paga lo que debe, sabe lo que tiene.*
Hace referencia a la importancia de que la persona pague sus deudas ya que sólo así sabrá lo que realmente posee.

527. *Lo robado no luce.*
Un objeto que se roba sea un automóvil o una joya de valor, no puede ser usado por el ratero, ya que fácilmente sería descubierto.

528. *Algo ajeno no hace heredero.*
El hecho de que una persona tenga un objeto que le ha sido prestado, o porque lo haya robado, no le da derecho alguno al mismo.

529. *Lo ajeno llora por su dueño.*
Una cosa u objeto que tiene dueño pero es poseído por otra persona, debe ser devuelto. Si se trata de un préstamo, la devolución debe hacerse dentro del plazo de tiempo convenido.

## Hospitalidad

530. *Donde comen dos, comen tres.*
En la tradición puertorriqueña el huésped o amigo inesperado es bien recibido y atendido con cortesía y generosidad.

## Identidad

531. *Según es el pájaro, así es el nido.*
La manera de ser de la persona se refleja en sus cosas.

## 532. *El mismo perro con distinto collar.*

Por más que las personas disimulen, siempre se dan a conocer. Se puede cambiar las apariencias, pero no la esencia de las cosas.

## 533. *Si el diablo volviera a nacer, de seguro nacía hembra.*

Se comunica una imagen diabólica sobre la mujer y por ende con características tales como tentadora, traidora y malvada.

## 534. *No soy el sándalo que perfuma al hacha que me hiende (o hiere).*

Esta frase esclarece que la persona herida no reaccionará a su agresor con bondad.

## 535. *Tal para cual.*

Se usa para comparar dos personas que se complementan entre sí, para el bien o para el mal.

## Igualdad

## 536. *Cada oveja con su pareja.*

Estas palabras pueden revelar prejuicio social, pero comúnmente hacen referencia a las amistades y al matrimonio.

## 537. *Dos cuchillos amolados no se hacen mella.*

En condiciones similares dos personas o situaciones no pueden menoscabarse.

## 538. *De noche todos los gatos son prietos o pardos.*

En circunstancias imprecisas la observación del detalle pasa desapercibido, por lo cual las diferencias pierden pertinencia. La obscuridad oculta las faltas.

## 539. *El sol sale para todos.*

Descansa en el principio democrático sobre la igualdad de

derechos que deben tener los seres humanos. Además Dios da a cada uno los medios con que pueda valerse.

**540. *La muerte no escoge.***
Este refrán proclama la muerte, como finalidad para todos sin distinción alguna.

**541. *Los muertos hablando de los ahorcados.***
Algunas personas de condiciones morales dudosas critican a otras que se encuentran en iguales circunstancias.

**542. *Tanto monta, monta tanto, Isabel como Fernando.***
Tanto poder tiene el hombre como la mujer cuando asumen posiciones idénticas de autoridad.

**543. *Todos somos hijos de Dios.***
No debe haber privilegios entre las personas en relación con sus derechos y oportunidades, pues todas son seres humanos.


## Ilusión

**544. *Soñar no cuesta nada.***
Se dice al que fantasea excesivamente. Sin embargo, tener sueños estimula la imaginación y por ende la creatividad.

**545. *De la esperanza vive el cautivo.***
El ser humano aprisionado a veces, en una situación irremediable, alienta su vivir esperando la libertad.

**546. *Las apariencias engañan.***
Una persona puede percibir falsamente algo y llegar a observaciones equivocadas, como también puede demostrar lo que en verdad no es.

**547. *Perro flaco soñando con longaniza.***
Este refrán se refiere a aquellas personas que sueñan con

circunstancias de riqueza o poderío, sin tener los medios para ellos.

## Imitación

548. *Donde fueres, haz lo que vieres.*
Con el propósito de no destacarse o caer en rídiculo la persona al encontrarse en un ambiente extraño, tiende a hacer lo mismo que los demás.

## Impedimento

549. *La carne no está en el garabato por falta de gato.*
En ocasiones no se tienen los medios para que las cosas aparezcan como deben ser. Se refiere usualmente a la solterona que a pesar de sus esfuerzos no ha conseguido quien la pretenda.

550. *Mal cocido no va p'lante.*
Al interceptar un mal se evita que progrese o que se extienda a otros.

## Imperfección

551. *El que hace la ley hace la trampa.*
Nunca escasean los medios o maneras para no cumplir debidamente con las responsabilidades.

552. *Lo único que le falta es sarna para rascarse.*
Estas palabras se usan cuando se desea comentar que una determinada persona lo tiene todo.

553. *El que no cojea, renquea.*
Señala que no hay personas perfectas.

## Imposibilidad

554. *Es como buscar una aguja en un pajar.*
Explica la tremenda dificultad que representa alguna labor o acción.

555. *Son como el aceite y el vinagre.*
Se puede apreciar, a menudo, que dos personas no pueden relacionarse bien, debido a la marcada diferencia de sus carácteres.

556. *Dos males no hacen un bien.*
Este refrán se refiere a que, a veces, una persona por rectificar su comportamiento causa un daño o malestar adicional, por lo tanto no puede quedar bien.

557. *Dos arremilla'os no se pueden besar.*
Dos personas no podrán participar juntas en una misma actividad si sus condiciones se lo impiden.

558. *Para el mal de la muerte, no hay médico que acierte.*
Estas palabras aseveran que una situación determinada es tan difícil, que no podrá ser resuelta por experto alguno.

559. *Esto será cuando la rana eche pelo.*
Se refiere a un evento que no puede suceder, o a alguna circunstancia que no puede hacerse realidad.

560. *Es como comulgar con ruedas de molino.*
Comentario cuando se espera que una persona pueda creerse una mentira o una exageración muy obvia.

561. *Lo que natura non dat, Salamanca non prestat.*
Lo que la naturaleza no provee no puede lograrse de otras fuentes.

## Imprudencia

### 562. *Al ladrón darle las llaves.*
Advierte la falta de prudencia de una persona, cuando a sabiendas, hace posible o facilita algún peligro o situación adversa a su propio bienestar.

### 563. *Al que mira muy alto se le queman las pestañas.*
Aquel que se forja metas fuera de su alcance con frecuencia sufre resultados dolorosos.

### 564. *Diciendo las verdades se pierden amistades.*
Por lo que aún entre amigos el decir verdades resulta engorroso, pudiéndose llegar al distanciamiento.

### 565. *El que habla por la mañana muérase por la tarde (o el que habla hoy muérase mañana).*
Este refrán es una especie de sentencia amenazante, utilizándose cuando alguien ha sido insensato en su decir y pronto queda mal ante otros.

### 566. *El que mucho habla mucho yerra.*
El exceso en el decir y a veces el poco pensar, acarrea disgustos con frecuencia, pues se cometen errores.

### 567. *El que se brinda se sobra.*
Este refrán aconseja al que ofrece su ayuda sin serle pedida que su gesto puede ser repudiado.

### 568. *Siempre habla quien menos puede.*
Describen estas palabras el comportamiento de aquella persona que usualmente está presta a criticar a otros. Sin embargo, es la que menos debe hacerlo, ya que tiene por qué callar.

### 569. *Ahí le echan la paja y el coco.*
El significado de este refrán es que en algunos círculos sociales u hogares no reparan en decir las verdades.

570. **Está buscando lo que no se le ha perdido.**
Encierra una advertencia a las personas que a veces inadvertidamente se envuelven en situaciones que pueden acarrearles sinsabores.

## Impulso

571. **"Entre" más lejos esté el chivo,**
**más grande es la "cabezá".**
A menudo se observa que cuando un problema humano no es atendido o resuelto a tiempo, se va complicando hasta causar enormes tribulaciones.

## Inacción

572. **El infierno está lleno de buenas intenciones.**
Las buenas intenciones para ser meritorias necesitan cuajarse en acciones buenas.

## Incomodidad

573. **Casa ajena, ni la de tu padre es buena.**
Sentido de no estar a gusto o cómodo fuera del propio hogar.

## Inconformidad

574. **Te di pon y quieres guiar.**
Se dan situaciones en que un amigo brinda algún servicio a otro y éste se cree entonces con el derecho de ir más allá de lo que se le ha permitido.

575. *Palo si boga y palo si no boga.*
Se oye como quejas de hijos hacia sus padres a quienes encuentran difíciles de complacer.

576. *Dios le da barba al que no tiene "quijá".*
Este refrán se escucha, a veces, como queja por un designio de Dios que es considerado como contradictorio, sin embargo, podría interpretarse como acto de misericordia divina.

## Incumbencia

577. *Zapatero a su zapato.*
Este refrán popular se utiliza para llamar la atención sobre la competencia inherente a cada oficio o profesión. Puede aplicarse también a la prudencia de no juzgar aquello que no entiende o no le incumbe.

## Incumplimiento

578. *Del dicho al hecho hay un gran trecho.*
Existen algunas personas que suelen ofrecer o prometer algo, pero no cumplen sus palabras, o tardan mucho tiempo en hacerlo.

579. *Le debe a cada santo una vela.*
Algunas personas dejan acumular sus deudas, por negligencia, indiferencia o falta de recursos.

580. *El que mucho promete, poco cumple.*
Resulta razonable que la persona que promete un gran número de cosas, no pueda cumplirlas ya que carecerá del tiempo, las energías y hasta de los recursos.

## Independencia

581. *Pedro Palomo, yo lo guiso y yo me lo como.*
Estas palabras se aplican a aquellas circunstancias en que la

persona desea hacer algo sola, sin la ayuda de nadie.

582. **El *que se casa, casa quiere.***
Reconoce los deseos de independencia del adulto al constituir su propio hogar, por el cual debe asumir responsabilidad.

583. **El *que se casa, pa' su casa.***
Este refrán es igual al anterior, número 586.

584. **Recién *casado, casa quiere.***
Este refrán es igual al 587.

## Indiferencia

585. **A *mi plin y a la madama plan.***
Este comentario refranero comunica al interpelado que no le importa el asunto en cuestión.

## Indiscreción

586. **Secreto *de mujer, secreto a voces.***
La intención de este refrán resulta obvia. La misma postula la debilidad femenina ante la tentación de divulgar un secreto.

587. **Secreto *de dos, secreto de Dios;*
secreto *de tres, descubierto es.***
Supone que un trío de personas no puede tener la lealtad, la capacidad o el buen juicio para guardar en secreto alguna información que se le ha confiado.

## Individualidad

588. **Cada *cual cuenta de la feria como le va en ella.***
Cada persona reacciona generalmente a las cosas de acuerdo a la satisfacción o disgusto que le han provocado.

**589. Cada uno hace de su capa un sayo.**
Cada persona hace las cosas que desea y a su manera, pues le conciernen únicamente a ella.

**590. Genio y figura hasta la sepultura.**
La persona se caracteriza por unos rasgos físicos y de carácter que perduran a través de su vida.

**591. La mona aunque se vista de seda, siempre mona se queda.**
La persona aunque se engalane con ricas prendas de vestir continúa siendo la misma, con sus defectos y virtudes.

**592. Sobre gustos no hay nada escrito.**
A la luz de las diferencias individuales es muy difícil llegar a conclusiones absolutas y permanentes sobre los gustos de las personas.

**593. ¿Dónde va Vicente? - Donde va la gente.**
La dirección de la vida propia no debe orientarse por las brújulas de otros, o del montón. Cada cual debe trillar su propio camino. Este refrán es semejante al siguiente: *Donde una cabra va, allí quieren ir todas*, el cual censura la condición gregaria de las gentes.[1]

## Ineptitud

**594. Tanto tiempo de condesa y no sabe menear el abanico.**
Se refiere a la persona que a pesar de haber tenido la oportunidad de aprender algo no lo ha hecho, careciendo de la competencia necesaria.

**595. Tanto tiempo en el campo y no conoce el matojo.**
Este refrán tiene la misma significación que el número 573.

---

[1] Bergua. *Refranero español*, p. 182.

**596. *Siempre se apean por las orejas.***
Se utiliza ante el comportamiento repetitivo de personas que no acaban de aprender a manejar bien una situación.

**597. *Lo coge todo por el rabo.***
Existen personas que tienen dificultad en captar el sentido de la comunicación o el mensaje que reciben de otros, entendiéndolo al revés o inadecuadamente.

## Inexperiencia

**598. *Ciego que no ve, cuando ve se vuelve loco.***
Algunas personas, con frecuencia, por desconocer determinadas circunstancias, al enfrentarse a éstas lo hacen con desatino o inapropiadamente.

**599. *El que no está acostumbrado a braga las costuras le hacen llagas.***
Este refrán hace referencia a aquellas experiencias que causan malestar o dolor debido a que son nuevas, desconocidas, o sorpresivas para la persona.

**600. *Está pagando el noviciado.***
Algunas personas que empiezan algún empleo o labor, sin previa experiencia, pasan un tiempo de prueba.

## Infortunio

**601. *Si me pongo a tejer medias nacen los nenes sin pies.***
Estas palabras representan el lamento de una persona cuando persistentemente no logra alcanzar la meta deseada.

**602. *Cuando uno está de malas, ¡hasta la mujer se la pega!***
Lamento de una persona por su mala suerte.

## Ingratitud

**603. Buena vida, padre y madre olvida.**
Se puede observar, a veces, que personas adultas acomodadas
no se ocupan de atender las necesidades de sus padres.

**604. Con las glorias se olvidan las memorias.**
El éxito de las personas en sus diversas manifestaciones,
puede nublar sus recuerdos aun de aquellas que les ayudaron
para alcanzar sus triunfos.

## Injusticia

**605. El más ruin cerdo se come la bellota.**
Significa que personas con muchos menos méritos que
otras, son las que ganan reconocimientos o premios.

**606. Unos se chupan las chinas y otros pasan la dentera.**
Hay personas que cometen errores cuyas consecuencias
son pagadas por otros.

**607. La hizo un alemán y la pagó un francés.**
Sucede en ocasiones que el delito, la falta, o el error de una
persona es adjudicado o atribuído a otra.

**608. Los justos pagan por los pecadores.**
Se observa con frecuencia que en una situación desgraciada
o desagradable resultan castigados los inocentes.

## Inoportunidad

**609. Burro muerto, cebada al rabo.**
Se refiere este refrán a una actuación humana fuera de
tiempo o de propósito.

610. **Lo que en un principio no hicieres
no podrás cuando quisieres.**
Es importante actuar al debido tiempo, a fin de no dejar
pasar la oportunidad propicia.

611. **Sobre el muerto, las coronas.**
La atención o el reconocimiento debido a una persona le
llega tarde.

## Insensatez

612. **Desvestir un santo para vestir otro.**
No resulta práctico ni prudente que se remedie una necesidad
humana privando a otros de lo que les es menester.

613. **Se ahogan en un vaso de agua.**
La falta de reflexión y buen juicio ante una situación insigni-
ficante, ocasiona angustias por poco motivo.

614. **Se vuelven todo nariz y no encuentran
por dónde respirar.**
Existen ocasiones en que las personas por falta de buen
sentido, pierden la calma, exageran unas circunstancias y
caen en un estado de angustia que no les permite funcionar
adecuadamente.

615. **Estás trabajando pa'l inglés.**
Este decir señala al amigo, que puede correr el riesgo de que
sus esfuerzos en el trabajo no sean compensados adecuadamente.

616. **De lo que nada nos cuesta hagámoslo fiesta.**
El mensaje de este refrán se puede observar en el comportamiento de algunas personas que desperdician irresponsable-
mente aquello que nada les ha costado.

617. **Lo dice y no sabe lo que dice.**
A veces alguien al hablar acierta en lo que dice más allá de lo que él o ella pudiera darse cuenta.

618. **Está soñando con pajaritos "preña'os".**
Un comentario para indicar que la persona está recurriendo a la fantasía, para resolver algún problema.

## Insuficiencia

619. **Por una teta no fue vaca.**
Comentario para indicar que faltó una parte para completar la totalidad de algo.

620. **Si tuviera manubrio, sería bicicleta.**
Este refrán se interpreta de igual forma al número 619.

621. **Una batalla no gana una guerra.**
Estas palabras indican que un sólo gran esfuerzo no asegura que se obtendrá la victoria en un asunto donde se compite arduamente con otros.

622. **Una sola golondrina no hace verano.**
Este refrán se interpreta en el sentido de que a la luz de un solo caso no se puede establecer una ley ni una norma.

## Interés

623. **El ojo del amo engorda al caballo.**
Este refrán se usa para recalcar que nadie es mejor que el interesado para cuidar de sus cosas o asuntos.

624. **Sarna con gusto no pica y si pica no mortifica.**
A la persona que le importa alguna cuestión o circunstancia no le incomodan las molestias o inconvenientes que pueda sufrir o sufra por ella.

625. *Zorrillo que mucho tarda, caza aguarda.*
Una persona que está verdaderamente dispuesta en conseguir algo, no debe apresurarse en demasía, sino esperar un tiempo razonable.

626. *Amigo es un peso en el bolsillo.*
La amistad para algunos responde al interés del dinero, pero para otros es una "riqueza" en la cual se puede confiar.

627. *Nadie da nada a cambio de nada.*
Supone que las personas para dar algo tienen que recibir algo, que si dan es porque reciben una paga, o compensación.

628. *Conoce el San Dame, pero el San Toma no.*
Aquella persona que frecuentemente depende de otras, no le interesa, ni importa, ayudar cuando su aportación es necesaria.

629. *Se acuerdan de Santa Bárbara sólo cuando truena.*
Se puede apreciar que algunas personas acuden a sus amigos cuando necesitan su ayuda, pero cuando todo les va bien les echan al olvido.

## Intimidad

632. *La aguja sabe lo que cose.*
Se usa en relación a un asunto sobre el cual sólo personas en relaciones estrechas conocen los pormenores o detalles.

633. *La ropa sucia se lava en casa.*
Recomienda que los problemas o chismes del hogar no deben ventilarse fuera de éste.

634. *Nadie sabe lo que hay en la olla,*
*más que la cuchara que lo menea.*

Existen asuntos en la vida de la persona de un carácter tan íntimo, que es solamente dominio de la más allegada.

## Irreflexión

630. **Mal de muchos consuelo de todos.**
Es más fácil conformarse cuando una desventura es común a todos.

631. **Han cogido al mundo por vaina**
**y a la gente por bellota.**
Estas palabras se usan para describir la falta de responsabilidad de algunas personas hacia el mundo que les rodea y a sus gentes, manifestando una actitud de menosprecio.

## Justicia

635. **Dios no se queda con nada de nadie.**
Expone la queja de una persona que ha sido víctima de otra, pero que confía en que recibirá su merecido.

## Justificación

636. **Con razón el alma siente...**
A veces, por desconocer las causas de alguna pena que sufre una persona no se entiende su estado de ánimo, pero si éste ofrece una explicación entonces se comprende mejor su sentir.

637. **El que sirve al altar, del altar vive.**
Se aplica a toda compensación monetaria, jornal o sueldo que reciba una persona por el trabajo que desempeñe.

638. **En palacio las cosas andan despacio.**
Con frecuencia, la atención de asuntos en los que intervienen

los gobiernos, debido a la burocracia establecida, se tarda excesivamente. Ante el reclamo o exasperación del ciudadano siempre tienen una explicación sobre la tardanza.

639. **No hay cosa mal dicha, sino mal entendida.**
Cuando existe un problema de comunicación entre dos personas una puede alegar que fue ofendida por lo dicho, pero la otra se defiende explicando que se le interpretó mal.

640. **Ladrón que roba a ladrón, de Dios merece el perdón.**
Se descarga de culpa al que roba o engaña a quien lo ha hecho antes con otros.

## Lealtad

641. **La caridad empieza por casa.**
Este dicho refranero aconseja que el amor al prójimo debe comenzar primero en el propio hogar, entre los miembros de la familia. Es similar al refrán español que dice: **Caridad buena, la que empieza por mi casa y no por la ajena**[1].

642. **A los tuyos con razón y sin ella.**
Los lazos de familia deben ser perdurables, por lo tanto sus miembros deben permanecer unidos ante cualquier circunstancia.

## Libertad

643. **El buey suelto, bien se lame.**
Las amarras psicológicas cohíben en las personas la disposición o el ánimo de manifestarse o actuar con soltura. El libre o independiente hace las cosas a su gusto.

---

[1] Iter Sopena, de *Refranes y frases populares*, p.74.

## Limpidez

644. *La mujer es como el espejo,*
*si se toca mucho se empaña.*
Este refrán hace resaltar que la mujer debe proyectar una
imagen limpia, sin tacha alguna.

## Liviandad

645. *Las palabras como las plumas se las lleva el viento.*
Las expresiones orales de las personas son, a veces, de tan
poco peso o importancia que caen fácilmente en el olvido.

646. *Palabras de burro no llegan al cielo.*
Las palabras cuya naturaleza es trivial, que no tienen
substancia o significación, no inspiran ni ocupan al oyente,
ni ascienden un metro de la tierra.

647. *Palabras son palabras.*
Este refrán señala que las palabras son fáciles de decir,
pueden ser ciertas o falsas y, cuando no son confirmadas
con hechos, no pueden creerse.

## Maduración

648. *A su tiempo maduran las uvas.*
Las personas cuando tienen asuntos por resolver deben
aguardar el momento más propicio.

## Masculinidad

649. *El hombre es como el oso mientras más feo*
*más hermoso.*
Se asocia la belleza con el sexo femenino, pero el grado de

fealdad en un hombre no afecta adversamente su rol masculino.

**650. *Recoge tus gallinas que voy a soltar mi gallo.***
Este refrán se escucha en la voz de un padre orgulloso de la agresividad sexual que atribuye a su vástago masculino.


## Merecimiento

**651. *A cada lechón le llega su San Martín.***
Aquel que actúa incorrecta o indebidamente recibe su merecido, o sufre las consecuencias de su desatinada acción.

**652. *A cada santo le llega su día.***
La persona que ha alcanzado distinción entre los demás por sus obras buenas, llegado el día, recibe el reconocimiento merecido.

**653. *Dios al orgulloso quebranta y al humilde levanta.***
Estas palabras interpretan la justicia de Dios, en el sentido de que Este aplasta al orgulloso y enaltece al humilde.

**654. *El que vive bien, muere bien.***
Este refrán se utiliza para recomendar que una vida sosegada y sin gran aparato conduce a una muerte tranquila. También se oye decir cuando se comenta sobre la muerte de alguna persona que no tuvo una larga agonía o sufrimiento, porque en la vida había sido buena.

**655. *Honor, a quien honor merece.***
Se debe rendir tributo a la persona que verdadera y honradamente se lo ha ganado mediante esfuerzo, labor y sacrificio.

**656. *Quien siembra un bien en la tierra, cientos recoge en el cielo.***

Explica que la persona humanitaria que ayuda a otros, será premiada en la vida eterna.

657. **Santo que no me quiere con no regalarle tengo.**
La persona que no se ha ganado el afecto de otros no se merece sus atenciones u obsequios.

658. **Se quedó sin el plato y la comida.**
Se emplea para comentar lo acontecido a alguien, cuando, en repercusión de su comportamiento ha sido frustrado doblemente.

659. **Todo lo que sube tiene que bajar.**
Estas palabras se usan para comunicar con encono o resentimiento que la persona que ascendió inmerecidamente en su trabajo, situación particular, o que se encumbra ante otros, no puede mantenerse en alto, pues se espera que algún día caiga, es decir, que fracase.

660. **Se quedó sin la soga y sin la cabra.**
Igual al número 658. *Se quedó sin el plato y la comida.*

661. **El favorecido ha de tener memoria y ser agradecido.**
La persona que ha recibido un favor de otra, debe agradecer la atención que se le ha brindado.

662. **A cada santo su vela.**
Se debe rendir tributo a las personas que por sus actos así lo merezcan.

## Moderación

663. **No vive más quien más come.**
Levanta una voz de alerta al glotón quien usualmente es obeso y por ende, poco saludable.

## Naturaleza Humana

### 664. *De poetas, tontos y locos todos tenemos un poco.*

El ser humano tiene momentos en que se inspira y se expresa con el arrebato artístico del poeta. Otras veces se conduce como un necio, incapaz de razonar y suele suceder que en alguna ocasión en su delirante sentir se comporte disparatadamente.

### 665. *El que tiene boca se equivoca.*

El ser humano es falible en su decir. Este refrán se usa como excusa cuando uno se equivoca, para que se le trate con consideración.

## Necesidad

### 666. *Al perro flaco, todo es pulga.*

Cuando se está necesitado se atraen todas las calamidades.

### 667. *No hay mejor salda que el hambre.*

Cuando el carecer es urgente, no se le remedia con delicadezas.

## Negación

### 668. *La culpa es tan fea que nadie quiere cargar con ella.*

Cuando se trata de esclarecer quien ha sido el autor de una falta, sea seria o leve, es muy difícil que alguien diga la verdad y asuma responsabilidad por ésta.

## Novedad

### 669. *Escoba nueva, barre bien.*

Se oye decir este refrán en relación con la persona que comienza una tarea por vez primera. El mismo parte de la suposición de que la persona por su entusiasmo se desempeñará con corrección, pero al correr el tiempo no seguirá ejecutando sus tareas con igual fervor.

## Observación

670. **El que no sale de casa, no sabe lo que pasa.**
La persona que tiene una existencia limitada desconoce lo que está sucediendo en su derredor.

671. **Levántale el aparejo pa' que le veas la mata'ura.**
En ocasiones las personas necesitan percatarse con más claridad de la situación que les rodea, para que no se engañen con las apariencias.

## Obsesión

672. **Cada loco con su tema.**
Esta expresión describe un comportamiento humano provocado por una preocupación o interés persistente y que se defiende con terquedad.

## Obstinación

673. **No hay peor ciego que el que no quiere ver, ni peor sordo que el que no quiere oír.**
Este refrán explica la actitud de terquedad de aquellas personas que, aferradas a un punto de vista u opinión no aceptan explicaciones o razonamientos de otros.

## Ociosidad

674. **Camarón que se duerme, se lo lleva la corriente.**
Estas palabras destacan la importancia del esfuerzo propio,

a fin de hacer frente y no dejarse arrastrar por fuerzas contrarias al propio bien.

**675. *El ocio es la madre de todos los vicios.***
Fija la atención sobre el peligro de la desocupación ya que presume que tal estado facilita que la persona se involucre en actividades malsanas tanto para sí como para la sociedad.

**676. *Es más vago que la "quijá" de arriba.***
Usando una metáfora relativa a la anatomía humana este refrán censura la falta de diligencia en una persona.

**677. *No dan un tajo ni en defensa propia.***
Representa la inercia de algunas personas que no se mueven o actúan, ni aun para defender sus vidas.

## Oportunidad

**678. *Más vale tarde que nunca.***
Orientado en el concepto del tiempo este refrán recomienda que es bueno aprovechar la ocasión que se presenta aunque tardíamente. Peor es que nunca haya surgido la misma.

**679. *Me viene como anillo al dedo.***
Se usa cuando se recibe un obsequio o surge una circunstancia, siendo ambos tan oportunos que llenan la medida necesaria.

**680. *Cuando una puerta se cierra, cientas se abren.***
Estas palabras se utilizan para animar a una persona que esté desalentada, con el propósito de darle esperanzas sobre oportunidades futuras.

**681. *Mientras más hincha'o esté el enfermo, mejor es pa' curar.***
Se puede observar, en ocasiones, que cuando empeora una

situación problemática salen a flote con más claridad los factores causales de la misma, facilitándose así su solución.

682. **Borrón y cuenta nueva.**
Este refrán recomienda olvidar las fallas y errores del pasado y actuar en adelante como si no hubiesen ocurrido.

683. **Ya es tarde Laura para ablandar granos.**
Señala que se ha dejado pasar mucho tiempo antes de intentar la solución de una situación que ya se ha complicado.

684. **Al son de los gachos hay muchos agacha'os.**
Cuando algunas personas por condiciones determinadas consiguen algunos beneficios o privilegios, aparecen muchas otras que las imitan.

685. **Con mar en calma, todo hombre es piloto.**
En circunstancias de paz y tranquilidad es más fácil mantenerse a flote que cuando existe el conflicto, o la discordia.

686. **Donde las dan, las toman.**
El que hace algo incorrecto, debe tolerar las consecuencias.

687. **Oveja que bala, pierde bocado.**
La persona interesada en obtener algún beneficio, no debe perder tiempo distrayéndose, por el contrario debe actuar.

688. **Hay mucho que ganar y poco que perder.**
Existen situaciones en que las personas tienen temor de actuar, pero luego de analizarlas, pueden apreciar que las ventajas son mayores que las desventajas.


## Organización

689. **Hasta en el cielo hay jerarquía.**
Señala la ordenación del poder que se necesita para llevar al éxito una empresa o un proyecto.

690. **Un lugar para todo y todo en su lugar.**
Se refiere al orden, mediante el cual se establece un sistema para adjudicar un sitio a las diversas personas o cosas.

691. **El mejor plato se deja para lo último.**
Aconsejan estas palabras que en la planificación de un acto, el detalle de mayor atracción o lucidez aparezca al final.

## Orientación

692. **Preguntando se llega a Roma.**
Sugiere que la persona pida orientación cuando la necesita para así alcanzar la meta que se ha trazado.

## Osadía

693. **Me gusta lo rojo aunque los hijos me salgan bomberos.**
Indica que aunque lo que atrae esté rodeado de amenazas no deja de ser apetecible.

694. **Me gusta la viuda aunque el muerto me salga.**
El sentido de este refrán es similar al del número 693.

695. **Perro cobarde no come aguacate en "jolla".**
La persona para alcanzar una meta determinada tiene, a veces, que arriesgarse o exponerse al peligro.

696. **La ignorancia es atrevida.**
Se refiere a aquellos que se meten a hablar de lo que no saben, ni entienden y a los que desconociendo los peligros de una obra se ponen a ejecutarla sin temor.

## Ostentación

697. **Candil de la calle, obscuridad de la casa.**
Existen personas cuya conducta es sumamente agradable y

correcta fuera del hogar, pero en éste se comportan todo lo contrario.

**698. *Si se te quema la casa no pierdes nada...***
Algunas personas se adornan tan exageradamente que pueden provocar el uso de este refrán.

## Paciencia

**699. *Aquél que puede esperar, podrá ver.***
Estas palabras aconsejan dejar que el tiempo transcurra, para corroborar unos resultados o consecuencias que posiblemente han sido anticipados.

**700. *Con paciencia se gana el cielo.***
Recomienda no exagerar las pretensiones con diligencias exageradas.

**701. *Quien espera lo más, espera lo menos.***
Estas palabras constituyen un consuelo que se oye de labios de un amigo, alentando a otro, al señalarle que si ha esperado tanto tiempo puede esperar algo más.

**702. *Hay que darle tiempo al tiempo.***
En la vida hay circunstancias en las que la persona no debe, y a veces no puede apresurarse.

**703. *Calma piojo que el peine llega.***
Virtud de esperar pacientemente hasta que llegue la solución pertinente.

**704. *Para todo hay que esperar, hasta para la muerte.***
Postula la virtud de la paciencia y, por consiguiente, la necesidad de aprender a esperar, ya que la espera es patrimonio del ser humano, y, para consuelo, está asociada a la esperanza.

705. **Roma no se hizo en un día.**

Insinúa que se aprenda a esperar, y, utilizando a Roma simbólicamente en términos artísticos, indica que lo grande y bello toma tiempo para edificarse o llevarse a cabo.

## Palabrería

706. **Donde digo digo, no digo digo, que digo Diego.**

Se refiere a alguien que quiere hacer creer que no dijo cierta cosa, o que al decirla no lo hizo con cierta intención.

707. **Con la boca es un mamey...**

Es muy fácil hablar, lo difícil es obrar, lo cual recuerda otro refrán que dice: *Del dicho al hecho hay un gran trecho.*

## Pasividad

708. **El que calla otorga.**

Cuando una persona se dirige a otra y ésta no la contradice se interpreta su silencio como una respuesta afirmativa.

709 **Se le pasea el alma por el cuerpo.**

Expone la actitud anímica de aquella persona al manifestarse inerte, es decir, que no se mueve ante una situación que reclama su rápida y certera intervención. Por el contrario, demuestra una calma indiferente, pausada y distante.

710. **Luchar contra el destino, no se puede.**

Desalienta el esfuerzo de una persona para enfrentarse a unas circunstancias adversas y tratar de remediarlas.

711. **Lo que se deja para después, para después se queda.**

Por lo general, las personas que no hacen las gestiones cuando deben, pierden el momento más propicio para el éxito de éstas.

712. *Le pide permiso a un pie para mover el otro.*
Existen personas que bregan con sus asuntos con una calma tan exagerada que exasperan a los que les rodean.

713. *Mientras uno tiene gorra no se pone sombrero.*
Una actitud de conformidad en la persona suele inhibirla para realizar un cambio.

## Percepción

714. *El miedo es un bulto prieto.*
El miedo es una reacción de las personas que a menudo no tiene razón de ser, consistiendo más de fantasía que de realidad.

715. *Cuatro ojos ven más que dos.*
Se usa este refrán cuando una persona invita a otra persona a que le ayude a dilucidar algo.

716. *Cuando uno se va a caer no ve el hoyo.*
En el diario vivir se cometen equivocaciones por no haber visto mejor las consecuencias de los pasos a darse, o decisiones a tomarse.

717. *Al que le caiga el sayo que se lo ponga.*
Comentario de censura indirecta sobre la persona que se hace la desentendida y no asume el deber que le corresponde.

718. *Cada cuál sabe dónde le aprieta el zapato.*
Cada persona conoce mejor sus cosas.

719. *El burro dice orejas, pero no se mira las suyas que son parejas.*
Se oye este refrán en ocasiones cuando una persona censura a otra por defectos o limitaciones que ella misma tiene pero que no reconoce.

720. **El que tiene el tejado de cristal**
**no tira piedras al vecino.**
La persona que ha cometido una falta conocida por otros no
debe censurar a los demás, ya que se expone a que le canten
las verdades.

721. **Hay que ver para creer.**
Este refrán expresa asombro, con exclamación, ante algún
suceso. Indica que algunas personas no aceptan el testimonio
de otras porque necesitan cerciorarse de las cosas por sus
propios ojos.

722. **No critiques a nadie aunque mal vieres,**
**da una vuelta y mira lo que tú eres.**
Encierra la enseñanza de no censurar a otra persona sin
antes observar el comportamiento propio. A menudo sucede
que el defecto que se ha señalado en otros, el criticón
también lo tiene.

723. **Porque no se fija uno en el moco sino de dónde cuelga.**
Es necesario observar no sólo un detalle de la persona sino
a la persona en su totalidad.

## Pérdida

724. **El tiempo que se va  no vuelve.**
Los minutos, las horas, los días y los años que pasan no se
pueden recuperar, al desaparecer se convierten en recuerdos,
unos tristes y otros alegres.

725. **La confianza es como el alma**
**que cuando se va no vuelve.**
Es difícil que una vez se pierde la confianza en algún amigo
se pueda recuperar, pues surgirán dudas y temores.

## Perdurabilidad

726. *Tiene más vida que un gato.*
Se escucha cuando se habla de un accidente serio sufrido por una persona, pero sin consecuencias fatales.

727. *Lo que bien se aprende, nunca se olvida.*
Aquello que se aprendió bien porque interesó y se entendió correctamente, siempre se recordará.

728. *¿Cuándo no es Pascua en diciembre?*
Se dan circunstancias que no tienen probabilidad de cambio, es decir que no hay modificación posible.

729. *Haz lo bueno para que te dure.*
Consejo a la persona para que obre con rectitud, por lo que será recordado.

730. *La maldición de la madre es como la mancha del guineo.*
Este refrán, descansando en la experiencia popular de que la mancha del guineo en la ropa no sale, postula que así también el maldecir de una madre nunca desaparece.

731. *Lo malo que se hace, malo se queda.*
Comunica la misma idea que el número 729, pero respecto a la maldad, o en sentido contrario.

## Perfeccionamiento

732. *Tanto quiso el diablo arreglar a su hijito, hasta que le sacó los oídos.*
Advertencia a la persona cuando se empeña casi con obsesión en mejorar algo, situación, persona, o cosa llegando hasta hacerle daño.

733. **La práctica hace maestro.**
La constancia en practicar un oficio, ocupación o profesión, lleva a la pericia en la actuación y a ésta se debe dar gran importancia.

## Perpetuidad

734. *El sol siempre sale por el Oriente y no por el Occidente.*
Da énfasis a la idea de que existen cosas que perduran.

## Persistencia

735. **Zapato viejo que boto no lo vuelvo a recoger.**
Aquello que se ha desechado o rechazado es porque no ha gustado o convenido, por lo tanto la decisión tomada debe mantenerse.

736. **Cada cuál tiene lo que busca.**
La persona que desea obtener algo en la vida, es decir, alcanzar una meta, por lo general, tiene éxito pues dedica todos sus esfuerzos a conseguirla.

737. *A la larga el chivo coge al venado.*
Aunque la competencia entre dos personas sea desigual aquella menos aventajada puede vencer si persiste en su empeño.

738. *Con el tiempo y un palito todo se alcanza.*
Cuando una persona se empeña en lograr un fin necesita ser constante en su intento sin desanimarse.

739. *Dale un clavo a un terco y lo meterá con la cabeza.*
La persona que está decidida a mantenerse firme en cuanto a un propósito, recurrirá a cualquier medio para no cejar.

740. *A la tercera va la vencida.*
Con frecuencia la persona necesita actuar más de una vez, o sea, repetir esfuerzos para lograr la meta que desea alcanzar.

741. **Con la paciencia se gana el cielo.**
La persona que se mantiene orientada fielmente hacia un propósito tendrá éxito.

742. **El que persevera alcanza.**
La persona mediante la constancia en algún empeño puede lograrlo.

743. **Grano a grano llena la gallina el buche.**
Pone de manifiesto la virtud de ahorrar con constancia para luego tener.

744. **La yerba mala nunca se muere.**
Estas palabras se refieren a la alta frecuencia de personas a las que se atribuye un comportamiento ruin por sus malas costumbres.

745. **Las aguas siempre vuelven a su cauce.**
Sugiere que las relaciones humanas, como las aguas, una vez pasadas las turbulencias o problemas, se restablecen.

746. **Paso a paso se va lejos.**
Enseña que poco a poco, un esfuerzo ahora y otro después conduce a grandes cosas o ganan grandes distancias.

747. **Tanto está la gotera sobre la laja hasta que hace roto.**
Este refrán también se usa sustituyendo piedra por laja y hoyo por roto. Se usa en referencia a una persona que mediante su determinación constante consigue lo que se propone, aunque sea difícil. Esta idea la recoge un refrán español que dice: *El agua blanda y la piedra dura, gota a gota hace cavadura.*[1]

---

[1] Iter Sopena, de *Refranes y frases populares*, p. 21.

748. **Tanto fue el cántaro a la fuente hasta
que por fin se rompió.**
Señala o advierte que una persona que repetidamente se
expone a algún peligro acaba pereciendo en él.[2]

## Perspicacia

749. **A la oportunidad la pintan calva.**
Es preciso identificar cuidadosamente lo que constituye una
verdadera oportunidad para poder asirla fuertemente y no
dejarla escapar.

750. **No le tengas miedo al caricortado
sino al que lo cortó.**
Aconseja a la persona a no temer ante una apariencia
peligrosa sino escudriñar la situación para identificar la
amenaza real.

751. **Yo conozco al buey que faja y a la víbora que pica.**
Se utiliza para advertir que se está muy alerta ante la
amenaza de cualquier clase de peligro.

752. **Piensa mal y acertarás.**
Pensar mal de otros, en general, no es aconsejable, pero a
veces un mal pensamiento sobre alguien resulta certero.

## Pertenencia

753. **Cada cual a lo suyo.**
Derecho o facultad de disponer de una cosa o de inmiscuirse
en aquella situación que atañe personal o particularmente.

---

[2] Bergua. *Refranero español*, p. 446.

### 754. *Lo que es de la mar a la mar vuelve.*

Se utiliza para comentar que algo prestado o robado ha vuelto a su dueño. Indica implícitamente que no se debe remover del medio ambiente aquello que le corresponde.

## Placer

### 755. *¿A quién le amarga un dulce?*

Aquello que causa satisfacción a una persona le resulta agradable, lo disfruta y saborea porque le place.

### 756. *Barriga harta, corazón contento.*

El haber saciado una necesidad causa gran bienestar a la persona.

## Pobreza

### 757. *Nada puede dar quien nada tiene.*

Este refrán indica que la persona que no cuenta con recursos no puede compartirlos.

## Poder

### 758. *Donde manda capitán no manda marinero.*

Este dicho hace destacar la importancia de respetar la jerarquía del poder para evitar así conflictos interpersonales.

### 759. *El pez grande se come al chiquito.*

Se oye en el país, en referencia a situaciones donde una persona por posición de autoridad, capacidad o recursos, domina o impone su voluntad sobre la de otro.

### 760. *El que parte y reparte*
### *Y en el partir tiene tino*

*Y lo sigue de continuo*
*Le toca la mejor parte.*

Insinúa la posición ventajosa para sí de algunas personas cuando asumen el poder, pues en la repartición de beneficios se lucran.

761. **En la unión está la fuerza.**

Llama la atención hacia el poder que puede generar un grupo de personas en contraste con el débil impacto de sólo una de éstas.

762. **Poderoso caballero es don dinero.**

Este refrán se usa para señalar que el dinero puede mucho.

763. **Según Dios da la llaga, da el remedio.**

Se apoya en la idea religiosa dual de la voluntad y el poder de Dios. De modo que a pesar de que éste permite que suceda el problema presta su ayuda para que sea resuelto.

764. **El que manda, va.**

Las personas que ocupan posiciones de poder deben saber dirigir, pero también deben conocer lo que ha de ejecutar la persona en quien delega.

765. **Muchos caciques y pocos indios.**

Por lo general, a las gentes les gusta mandar, es decir dar órdenes, sentirse superiores por su autoridad. Por el contrario el papel de subalterno, de peón, de empleadito no es tan codiciado. Sin embargo, cualquier empresa o labor de grupo precisa de las dos funciones, la del líder y la del seguidor.

766. **Mientras en mi casa estoy, rey me soy.**

Este refrán elogia la independencia del hogar propio, donde la persona se siente amada, respetada y complacida.

767. **Yo soy rey, en mi reino.**

El reino de cada cual es allí donde se siente satisfecho,

seguro y confiado al lado de los seres o súbditos que le rodean y complacen sus deseos y no necesita favores de nadie.

768. **Asno con oro, alcánzalo todo.**
El dinero tiene mucho poder no importa quien lo posea.

## Ponderación

769. **Más vale un "toma" que dos "te daré".**
En momentos de necesidad el mejor amigo ayuda de inmediato, aunque sea con poco, y no el que sólo da promesas.

770. **Una sonrisa no cuesta nada, pero vale mucho.**
Invita a pensar sobre el valor de una sonrisa, la cual aunque sólo cuesta un esfuerzo pequeño, puede tener una gran significación para la otra persona.

771. **Tanto tienes, tanto vales, nada tienes nada vales.**
En algunas esferas sociales el valor de un ser humano se determina en relación con su dinero.

772. **Amigo mío que nos perdemos,**
**tú para más y yo para menos.**
Comentario de una persona a otra que la invita o pretende involucrarla en un asunto que no es honesto.

773. **La palabra es plata, el silencio es oro.**
Es necesario apreciar lo que valen las palabras como vehículo de la comunicación, aun cuando a veces es mejor callar.

774. **Más vale buena fama que dorada cama.**
Conviene más al hombre, o a la mujer, para su éxito y satisfacción, tener una buena reputación, que poseer mucho dinero.

775. **Más vale tierra en cuerpo que cuerpo en tierra.**
Es mejor estar vivo aunque sucio, que estar muerto bajo la tierra.

776. **Nunca es tarde si la dicha es buena.**
Siempre que una circunstancia o evento sea beneficioso a la persona lo debe disfrutar, sin importarle que el momento mejor haya pasado.

## Posibilidad

777. **Al hombre que sabe hacia donde va,**
**el camino se abre para dejarlo pasar.**
A la persona que ha escogido con claridad una meta, se le hará fácil alcanzarla.

778. **Al mal paso, darle prisa.**
Ante circunstancias difíciles deben agotarse prontamente las alternativas de solución.

779. **Aterriza que no hay tocón.**
Antes de tomar una decisión es preciso asegurarse sobre las consecuencias de la misma.

780. **¿Que tú quieres que el toro me faje?**
Es esta la pregunta que hace una persona cuando encontrándose en una situación difícil, es presionada por otra para que tome una acción que considera arriesgada.

## Precaución

781. **Cuando veas a tu vecino la barba afeitar,**
**pon la tuya a remojar.**
Este refrán advierte a la persona para que cuando vea lo que está sucediendo a otros, tome cautela a fin de evitar que algo similar le pueda ocurrir.

782. **En guerra avisada no muere gente.**
Si se conoce por anticipado el peligro,se pueden tomar las medidas pertinentes para aminorar sus consecuencias.

783. **Es mejor malo conocido que bueno por conocer.**
A veces es mas conveniente conformarse con lo que se conoce aunque apenas satisfaga, que correr riesgos por algo desconocido que se cree mejor.

784. **Hombre precavido vale por dos.**
El hombre que anticipa circunstancias tiene un doble valor, al adelantarse y disponer a tono con lo previsto.

785. **Más vale pájaro en mano que cientos volando.**
Es mejor, según este refrán, tomar lo que está cercano o disponible aunque sea poco, que soñar con mucho pero apenas accesible.

786. **No sólo hay que ser bueno sino tambien aparentarlo.**
Recomienda a la persona que no tan solo sea buena sino que también evite cualquier actuación que pueda parecer a otros como incorrecta.

## Precipitación

787. **Nadie cante victoria aunque en el estribo esté, pues aún estando en el estribo se pueda quedar a pie.**
Aconseja a no anticipar el éxito aunque parezca cerca, ya que factores variados pueden intervenir adversamente y ocasionar el fracaso.

788. **Nadie se muere la víspera.**
Recomienda a la persona a que no tema a la muerte hasta el punto de anticipar su llegada pues solamente cuando acontece es que se hace realidad.

### 789. *No cantes victoria antes de tiempo.*

Advierte que antes de pregonar el triunfo se espere a tener seguridad del mismo, pues de lo contrario se puede caer en una posición frustrante y ridícula.

### 790. *No prepares los cocos antes de parir la vaca.*

La persona no debe precipitar preparativos para algo cuando aun falta tiempo o seguridad de que suceda.

### 791. *No se debe cruzar el puente antes de llegar a él.*

Aconseja que la persona ante determinada situación no se adelante o precipite, por el contrario, debe dar sus pasos observando el terreno y dirección de los mismos.

### 792. *Sin encomendarse a Dios, ni al diablo.*

Algunas personas actúan o toman decisiones sin pensar, sin anticipar las consecuencias, o considerar otras alternativas.

## Precisión

### 793. *Uno le puso la i y el otro le puso el punto.*

En conversaciones de grupo se puede observar que un comentario hecho por una persona es contestado por otra y confirmado por una tercera.

### 794. *Como pedrada en ojo de boticario.*

Se usa este refrán cuando algo que sucede viene muy bien o de perillas.

### 795. *Más claro no canta un gallo.*

Estas palabras se utilizan para recalcar la claridad con que se ha dicho o se ha ejecutado una acción.

## Prejuicio

### 796. *El ladrón juzga por su condición.*

La persona que ha cometido una falta o desliz puede proyectar o reflejar su propio sentido de culpa en el comportamiento de otra, sin haber antes ponderado objetivamente el mismo.

797. **Para el mal donante, no hay buen pordiosero.**
A la persona que no desea ayudar a una persona necesitada no le interesará comprender que las necesidades de ésta son legítimas.

## Premio

798. **Quien te dio la hiel te dará la miel.**
Este refrán se usa en relación con los padres, maestros o superiores, quienes, aunque a veces reprenden, otras veces premian.

## Preparación

799. **El que tiene la lágrima honda empieza a llorar temprano.**
La persona previendo una situación difícil debe hacer los preparativos o tomar las medidas convenientes.

## Presente

800. **Más vale un hoy que dos mañanas.**
Subraya la importancia del momento en que se vive. A veces una decisión a tomarse en un hoy se posterga para el futuro, para el mañana, con resultados desastrosos.

801. **No dejes para mañana lo que puedas hacer hoy.**
Orienta sobre el valor del ahora, el cual se debe aprovechar para la acción. Al posponerla para el futuro se pierde tiempo y actualidad.

## 802. *Pan para hoy y hambre para mañana.*

Se utiliza para señalar tanto una situación económica, como la falta de planificación sobre los recursos existentes. Esta última ocasiona que se consuma todo lo existente en el momento sin considerar que en un mañana también habrá necesidad.

## Prevención

## 803. *Se está curando en salud.*

Se refiere a la persona que se adelanta para dar explicaciones, que no le han sido exigidas, sobre alguna situación problemática en la que está involucrada.

## 804. *Mujer compuesta saca al marido de otras puertas.*

La esposa que cuida de su apariencia personal, que se arregla con gusto y prudencia, evita que su esposo ceda ante la tentación de interesarse en otras mujeres.

## 805. *El pasmo se corta a tiempo.*

Esta frase destaca la importancia de evitar que un comportamiento indeseado en otra persona perdure, por lo tanto sugiere se tomen medidas para lograr un cambio rápido.

## 806. *Es mejor morirse "niño" que llegar a "guarán".*

Advertencia sobre las adversidades en la vida adulta del ser humano, las cuales quizás sería mejor no tener que enfrentarlas. El refrán usa las palabras de *"niño"* y *"guarán"* que son vocablos con que el pueblo identifica dos variedades del guineo, el primero es pequeño y el otro es grande.

## 807. *Es mejor precaver que tener que remediar.*

Este refrán aconseja a la persona a no esperar hasta que un mal le alcance, por el contrario deberá tener la astucia o saber cómo evitar que el mismo surja.

## Previsión

808. *Cuando te den la cabrita acude con la soguita.*
Necesidad de prepararse o planificar adecuadamente algún paso, especialmente cuando se depende de otras personas.

809. *Hay que llevar dos sacos, uno para dar y otro para recibir.*
Cuando una persona ayuda generosamente a personas necesitadas, su propio *"saco"* también se llenará con las bendiciones de Dios y la satisfacción íntima de haber hecho el bien.

810. *Para que falte, que sobre.*
Describe la costumbre de preparar o tener cosas en exceso para evitar que en un momento dado puedan faltar.

## Primacía

811. *Las sopas y los amores, los primeros son los mejores.*
Las primeras experiencias de la vida se recuerdan como las mejores por haber constituido momentos de grato aprendizaje.

## Prioridad

812. *El deber antes que el placer.*
Es necesario que antes de disfrutar de una diversión, se cumpla con una responsabilidad.

813. *La primera mujer es la escoba, la segunda es la señora.*
Esta jocosa expresión subraya la importancia de las tareas del hogar. Se refiere, además, al trato que los viudos suelen dar a su segunda esposa.

814. *Vamos a atender los peces y luego la plomada.*
Es importante establecer prioridades, o sea, determinar el orden de atención a prestarse a algunos asuntos.

815. *Primero es la obligación que la devoción.*
Es deber ante todo de la persona encarar sus obligaciones, pues de poco le valdrá acercarse a Dios llevando las manos vacías por no haber aceptado la Divina Voluntad.

## Progreso

816. *La luz de a'lante es la que alumbra.*
La persona que desea progresar debe adelantarse a otras ganando ventaja.

## Protección

817. *Del lomo ni un pelo.*
En los animales de montar el pelo del lomo los protege contra el roce de los arreos. Este refrán recomienda que la persona debe resguardarse en sus esfuerzos, para poder ejercer plenamente su capacidad productiva.

818. *Del perro rabioso todo el mundo huye.*
Sanciona la capacidad de la persona para huir de aquella situación amenazante que, de común acuerdo, es muy peligrosa.

819. *La cáscara guarda al palo.*
El carácter de una persona le puede servir para protegerla de la adversidad.

820. *A mojillo con ají, no se le paran las moscas encima.*[1]
El carácter valiente, decidido y recto de una persona le sirve de coraza o escudo ante el abuso o la interferencia indebida de otros.

821. **Quien mal me quiere entre abogados me vea.**
Se refiere a una persona que por sentirse maltratada tiene derecho a defenderse.

822. **Seguro es el pájaro en el nido.**
El hogar brinda seguridad a los miembros de una familia.

**Provecho**

823. **Necios y porfiados hacen ricos a los letrados.**
Las personas que no tienen la capacidad de valerse por sí mismas y aquellas que discuten constantemente por no poder asumir posiciones, se ven a veces precisadas a recurrir a abogados para encontrar la solución de sus problemas.

824. **Se acuesta con las gallinas
y se levanta con los gallos.**
Señala el beneficio de un buen descanso, luego de una labor diaria que utiliza adecuadamente las horas del día.

825. **Si no aprendes de tus errores, de qué vale hacerlos.**
Conviene que cuando una persona cometa algún error, examine su comportamiento para que pondere los factores causales y comprenda el porqué del mismo. De este modo, aprenderá a no repetir su actuación equivocada.

826. **Para la leche que le queda a la cabra
que se la mame la cabrita.**
Estas palabras, recomiendan que cuando quede poco de algo, dinero o comida, no se debe desperdiciar.

827. **Para que se pierda que me haga daño.**
Este refrán se usa para comentar que las cosas se deben aprovechar, especialmente la comida.

---

[1] Tomado de: Díaz Alfaro, Abelardo, *Terrazo,* San Juan, P.R. Librería la Biblioteca, 1978, p. 84.

## Provisión

828. *El que no tiene vaca, no bebe leche.*
La persona que no tiene recursos no puede satisfacer sus necesidades.

829. *Dios quiera que tu guarapo siempre tenga hielo.*
Expresión de resentimiento de una persona a otra que la ha molestado con sus aires de tenerlo todo.

830. *Del mismo cuero salen las correas.*
Este refrán se refiere a que las cuentas han sido pagadas por bolsillo de una misma persona.

831. *No hay boca sin pan, ni aquél que la desampare.*
Estas palabras señalan la existencia de la caridad entre los hombres de buena voluntad.

## Provocación

832. *El niño que es llorón y la sirvienta que lo pellizca....*
Encierra una crítica a la ocasión en que una persona, a sabiendas, irrita o molesta a otra con palabras u obras.

## Prudencia

833. *Agua que no has de beber, ¡déjala correr!*
Aconseja el evitar involucrarse en asuntos o situaciones en las que no se tiene interés o responsabilidad.

834. *A la mujer bigotuda de lejos se le saluda.*
Supone que la mujer velluda es brava y apasionada, representando por lo tanto un peligro o tentación de la que el hombre debe alejarse.

## 835. *Aprende a nadar y guardar la ropa.*

Recomienda sabiduría al intervenir en un asunto para sacar provecho, pero sin correr peligro.

## 836. *El temor de Dios es el principio de la sabiduría.*

La persona que orienta su actuación mediante la ley de Dios, podrá distinguir entre el bien y el mal.

## 837. *En casa de tu tía, no todos los días.*

Recomienda la consideración y el buen juicio en el trato con parientes, ya que a veces por la confianza existente se puede caer en el abuso o falta de buen juicio. Este decir es similar al refrán español siguiente: *A casa de tu hermano no irás cada verano.*[1]

## 838. *Lo poquito agrada, lo mucho enfada.*

Se usa este refrán para aconsejar que se debe determinar cuidadosamente la medida del acercamiento a otros. Además, el exceso en casi todo, tiende a molestar.

## 839. *Mucho ayuda quien no estorba.*

Una forma de colaborar con otra persona es dejar su camino libre, sin molestar, ni entorpecer sus pasos.

## 840. *Ni tanto que le queme al santo, ni tan lejos que no le alumbre.*

Al hacerse alguna solicitud o petición a una persona de importancia, el acercamiento no debe ser tan inoportuno que moleste, ni tan tímido que no se pueda apreciar.

## 841. *No enturbies el agua para después beberla.*

Este frase refranera sugiere que la persona debe cuidarse de no censurar algún comportamiento en otra, ya que pasado algún tiempo puede encontrarse sancionando o cometiendo la misma falta que criticó.

---

[1] Iter Sopena, de *Refranes y frases populares,* p. 262.

### 842. *Nunca digas: "de esa agua no beberé".*

Es aconsejable recordar la flaqueza de la naturaleza humana, por lo tanto no se debe anticipar que no se ha de errar, cuando puede resultar muy fácil así hacerlo.

### 843. *Cuenta el milagro pero no digas el santo.*

Conviene que cuando se critique el comportamiento de alguna persona no se divulgue el nombre de ésta y que se hable solamente de lo que hizo, o dejó de hacer.

### 844. *No metas la mano en el fuego por nadie.*

Personas bien intencionadas que salen en defensa de alguien que consideran injustamente acusado sufren a menudo gran desencanto, al percatarse de la equivocación de su juicio y hasta corren el peligro de verse involucradas en un lío.

### 845. *Las medias son para los pies solamente.*

Constituye una advertencia sobre los negocios a *medias* que se hacen entre personas, los cuales pueden traer graves consecuencias.

### 846. *Oye, mira y calla.*

En la convivencia humana es con frecuencia muy conveniente seguir el consejo de este refrán: oír, ver y callar.

### 847. *Para combatir el chisme, hay que ignorarlo.*

Encierra un consejo sobre el cómo bregar con el chisme, indicando que no debe dársele importancia, de modo que no se repita, se abone, ni se estimule su circulación mediante habladurías adicionales.

### 848. *En el mantel más fino cae la mancha.*

Se usa en referencia al buen nombre de una persona, la cual por esmerada que ha sido su crianza y educación, puede cometer un desliz y afectar adversamente su reputación.

### 849. *Entre santa y santo, pared de cal y canto.*

Sugiere que las relaciones entre personas de diferente sexo

pueden ser en ocasiones peligrosas, aunque tengan buena fama.

850. **Serás esclavo de lo que digas
y dueño de lo que guardes.**
Aquello que se ha dicho no puede borrarse, por lo tanto el que ha hablado está encadenado a sus palabras. Sin embargo, aquel que calla, o que no habla, poseerá sin compartir lo que sabe.

851. **La cabra coja no quiere siesta
y si la quiere caro le cuesta.**
Si una persona reconoce que tiene alguna desventaja para competir con otros no debe perder tiempo, sino esforzarse doblemente para alcanzar la meta deseada.

852. **Con las puertas abiertas, los justos pecan.**
Algunas personas cometen errores, faltas o hasta crímenes, debido a que ante oportunidades tentadoras no pudieron controlarse.

853. **Nunca dejes camino por vereda.**
A veces, la persona por reducir su carga de trabajo, o no hacer el esfuerzo busca la forma más fácil de conseguir su objetivo, aunque no sepa con certeza si tendrá el éxito deseado.

854. **Se pierde más por una sospecha que por veinte hechas.**
Los actos de una persona pueden ponderarse o aquilatarse, pero cuando se duda o desconfía de ésta, no se puede llegar a una conclusión objetiva y justa.

855. **El onceno mandamiento es no estorbar.**
Añade un mandamiento a las tablas de la ley de Dios por su importancia para las relaciones humanas. La persona que molesta o incomoda a otros, se expone a ser rechazada.

856. **No cojas el tizón por lo encendido.**
Sugiere a un amigo que se controle ante las palabras hirientes de otro, pues puede acarrearse molestias mayores.

857. **No mates la gallina de los huevos de oro.**
Las personas por no ser juiciosas en un arranque de cólera, pueden destruir algo bueno que poseen y que les rinde beneficios.

858. **No hables por boca ajena.**
La persona no debe permitir que otros hablen por ella pues corre el riesgo de que se tergiversen sus opiniones o manera de pensar, lo cual puede resultar en consecuencias desagradables.

859. **No hubo boca que habló que Dios no le castigó.**
Advertencia para que se tenga cuidado con el uso de las palabras.

860. **Hasta que el último gato no pase, no diga zape.**
La persona debe tener serenidad para esperar que cesen ciertos acontecimientos que la incomodan, antes de tomar una decisión final.

861. **Más vale ser cobarde vivo, que héroe muerto.**
Señala el valor de la vida y recomienda que viciosamente no se la ponga en peligro, por ambiciones heroicas.

862. **Nombre que no te guste, nombre que no preguntes.**
Es conveniente no mencionar aquello que disguste.

863. **Vale más llegar tarde y sano**
**que temprano y esbarata'o.**
Es mejor que una persona llegue ilesa aunque retrasada a alguna actividad, que por acudir temprano sufra un accidente serio.

864. **El que juega con fuego se quema.**
Encierra un consejo para una persona que se encuentra involucrada, por divertirse, en una situación que a la larga le hará mucho daño.

865. **La lengua es arma de dos filos.**
Con la lengua se puede agradar, como también se puede ofender.

866. **No eches más leña al fuego.**
En una situación conflictiva entre personas no es prudente que una de éstas contribuya mediante comentarios imprudentes a empeorar la misma.

## Puntualidad

867. **Más vale llegar a tiempo que ser invitado.**
Es más importante que el invitado llegue a tiempo a una actividad, que el hecho de la propia invitación. Estas palabras también se escuchan cuando el amigo o pariente llega justamente al hogar cuando se está sirviendo alguna comida.

## Realidad

868. **La luna no es de queso, no se come con "melao".**
Pone de manifiesto la falta del sentido de realidad de algunas personas cuya fantasía les hace distorsionar el mundo que las rodea.

869. **La verdad aunque severa es amiga verdadera.**
Es más conveniente enfrentarse a lo veraz o cierto que engañarse mediante ilusiones y mentiras.

870. **No deja de ser pichón aunque la jaula sea de oro.**
Censura aquellas circunstancias adversas que privan a una

persona de libertad o de expresión individual, aunque las mismas parezcan estar rodeadas de esplendor.

### 871. *No hay rosas sin espinas.*
Estas palabras señalan la imperfección de las cosas, por ello momentos de dicha se empañan a veces, con algunas tristezas.

### 872. *El que vive de ilusiones muere de desengaños.*
La persona que se deja llevar por su propia fantasía, llegado el día se da cuenta de su grave error.

### 873. *No se puede tapar el cielo con la mano.*
Invita a la persona a no pretender ocultar aquello que es accesible a todos, incurriendo en posiciones ridículas.

### 874. *Hoy vivo, mañana muerto.*
Recuerda no sólo la mortalidad del ser humano, si que también la incapacidad de éste para predecir cuándo ha de morir.

### 875. *Si tu mal no tiene cura, ¿por qué te apuras?*
Existen situaciones en la vida que no tienen solución. Es pues necesario que la persona que se enfrenta a tal crisis tenga o desarrolle la fortaleza para soportar las presiones de la misma.

### 876. *¿Que cómo estamos?*
*Que si comemos no almorzamos.*
Representa la seria situación de una familia que no tiene los medios adecuados para resolverla.

### 877. *Compay, compay, pero la gallina vale dos reales.*
A veces se puede observar que una persona pretende valerse del parentesco o relación con otra, para no pagar el servicio que le presta o el objeto que le vende.

878. *Por más que brinque el grillo, nunca será maromero.*
La persona precisa reconocer sus capacidades o limitaciones para no engañarse a sí misma y a otros.

## Recato

879. *Mujeres balconeras, de cien sale una buena.*
Se espera que una "buena" mujer no debe estar mucho tiempo fuera del hogar, sino en la casa ocupada en sus responsabilidades.

## Rectitud

880. *La promesa es deber.*
Una promesa debe ser cumplida porque mediante ésta se contrae una obligación.

881. *La ley de Dios no tiene trampa.*
La ley de Dios es clara, no tiene dobleces, ni recurre a engaños.

## Reflejo

882. *Conozco el muerto que va a panteón.*
Este decir sugiere que las circunstancias que rodean un suceso familiar, manifiestan o revelan el nivel de su situación económica.

883. *Al perro se le respeta por su amo.*
El aprecio, la estimación y el respeto que se tiene hacia una persona se refleja en todo aquello que le pertenece.

884. *El pasajero se conoce por la maleta.*
A menudo, se identifica a la persona por la condición de sus

cosas las cuales pueden estar estropeadas, ser nuevas, o conservadas y cuidadas.

885. *En la mesa y en el juego se conoce al hombre.*
La observación de las maneras o formas de comportamiento que utiliza la persona en su vida cotidiana sirve para conocerla mejor, especialmente en aquellas ocasiones que requieren cortesía y moderación.

886. *Los ojos son el espejo del alma.*
Los ojos son considerados la parte más expresiva de la faz, porque al buen observador revelan emociones o sentimientos.

**Reflexión**

887. *Antes de que te cases mira lo que haces.*
Recomienda la observación reflexiva, antes de contraer matrimonio. Encierra una advertencia de precaución antes de dar tan importante paso.

888. *Hay que consultarlo con la almohada.*
Este refrán se usa para solicitar más tiempo antes de llegar a una decisión, por merecer el asunto mayor estudio o análisis.

**Reparto**

889. *El que tiene hijos no muere "embuchao".*
El padre o la madre responsable comparte su alimento con sus hijos sobre todo cuando tiene escasos recursos económicos.

**Repudio**

890. *A otro perro con ese hueso.*
Esta expresión refranera refleja una actitud de rechazo o desdén hacia una relación, o comentario. La oferta del

*"hueso"*, aunque apetecible para el género canino, puede resultar inaceptable para otros *"perros"*.

891. **El muerto y el agregado a los tres días hieden.**
Este refrán señala que lo indeseado (pasado algún tiempo) sea cual fuere su naturaleza, molesta y encona al que lo tiene que soportar.

892. **Irse con la música a otra parte.**
Se recurre a este decir para repudiar a personas cuyo comportamiento es molestoso y por ende, se desea salir de éstas, o que se alejen.

893. **Nadie es profeta en su pueblo.**
Los méritos de una persona, a veces, pasan desapercibidos entre aquellos que mejor la conocen pero que no han podido apreciar sus quilates.

894. **Yo no soy máscara en esa comparsa.**
Este refrán quiere decir que la persona no se hace partícipe o cómplice de la actuación de un grupo, particularmente cuando el comportamiento del mismo tiene un viso engañoso.

895. **A palabras tontas, oídos sordos.**
La persona no debe prestarse a oír comentarios necios, que nada le enseñan, ni satisfacen.

896. **Ese no es santo de mi devoción.**
Implica que no se desea la amistad con una persona determinada.

## Resentimiento

897. **Siempre tiene un hacha que amolar.**
Censura a la persona que en sus relaciones con otros se comporta frecuentemente con hostilidad, tratando de provocar y violentando la paciencia de los que le rodean.

898. **El que se pica es porque ajo come.**
Este refrán indica que si en una conversación al censurarse en términos generales algún comportamiento, alguien se resiente, debe tener razones para pensar que se está hablando veladamente de él o ella.

## Respeto

899. **De sangre de gente no se hacen morcillas.**
Estas palabras sugieren la consideración que se merece toda persona, prohibiendo, por ende, que se le use indignamente.

## Reto

900. **En la que te pares, pierdes.**
En una situación donde la persona está a prueba es mejor que siga adelante ya que el detenerse le creará una contrariedad.

901. **Es como buscar las cinco patas al gato.**
Existen situaciones tan difíciles de analizar que constituyen casi un imposible. Además, no conviene empeñarse, sin necesidad, en algo que puede ocasionar daño.

902. **Es como buscar una aguja en un pajar.**
Se refiere a la nula o escasa posibilidad de obtener éxito al llevar a cabo una tarea o empresa sumamente complicada.

903. **El que no es valiente a los veinte, prudente a los treinta y rico a los cuarenta, es borrico a los cincuenta.**
Amonestación al joven para que se esfuerce, sea valiente, prudente y alcance seguridad económica en la adultez.

904. **Para cada dragón habrá un San Jorge.**
Aunque amenace una situación difícil o peligrosa, se contará con los recursos para vencerla.

905. **Pa' lo que falta que venga el resto.**
Se pueden escuchar estas palabras de una persona que se
está enfrentando a un problema que no ha resuelto en su
totalidad, o que se ha complicado aún más.

## Riesgo

906. **Del plato a la boca se pierde la sopa.**
Expresión que sugiere la posibilidad frecuente del riesgo,
aún en las circunstancias que parecen más sencillas y coti-
dianas, sobre todo cuando las personas son negligentes y
descuidadas.

907. **Donde pusiste el huevo pasa la "culequera".**
A veces una persona por distracción o insensatez puede
conducirse en tal forma que se expone a consecuencias
dolorosas o que le ponen en ridículo.

908. **El mentiroso debe tener buena memoria.**
La persona que falta a la verdad tiene que recordar lo que ha
dicho ya que puede caer en la trampa de contradecirse.

909. **Lo que no mata engorda.**
Este refrán se usa en aquellas ocasiones en que existen
dudas sobre la calidad de lo que se va a comer o a disfrutar,
llegándose a la conclusión de que si no hace daño, es
beneficioso.

910. **Casa de dos puertas, mala es de guardar.**
Hogar, negocios o asuntos en los cuales hay divergencias de
opiniones son difíciles de manejar.

911. **Salga pato o gallareta.**
Esta expresión se aplica cuando una persona está decidida
a dar algún paso, aunque no tenga la certeza del resultado.

912. **Es un peligro estar vivo.**
Estas palabras advierten sobre la falta de seguridad existente tanto en las vías públicas como en los hogares.

## Sabiduría

913. **Dios no le da alas al animal ponzoñoso.**
Dios no permite que una persona peligrosa continúe impunemente haciendo daño.

914. **Antes de tratar el cambio, hay que conocer lo que se cambia.**
Es importante que una persona que intenta cambiar algo esté segura de que el cambio le conviene, pues ha de contribuir a su progreso.

915. **Cuando tú vas, yo vuelvo.**
Lo dice una persona a otra tratando de indicar que comprende su sentir ante la situación que la rodea, pues ha vivido ya una similar.

916: **El bien es enemigo del mal.**
El bien no puede tolerar el mal, pues el mal, contradice la esencia misma del bien.

917. **Para adivino San Rufino y para sabio Salomón.**
Destaca la capacidad del saber, la inquietud intelectual por descubrir. Se usa cuando la persona quiere excusarse de que no sabía algo y, por ende, que carecía de los conocimientos pertinentes.

## Selectividad

918. **Hay gustos que merecen palos.**
Algunas personas tienen unos gustos ridículos, irrazonables y a veces peligrosos.

919. **Nadie echa remiendo nuevo en paño viejo.**
Es conveniente determinar si vale la pena hacer esfuerzos para resolver una situación cuando se aprecia que la misma ya es irremediable.

920. **Las cosas se toman según de quién vengan.**
La persona debe fijarse quién es el autor de algún comentario hiriente, con el fin de determinar si merece la pena contestarle.

921. **La verdad y la mentira siempre andan confundidas.**
No es tarea fácil discernir, a veces, entre la verdad y la mentira, pues hay personas que dicen medias verdades.

922. **Del mar el mero y de la tierra el carnero.**
Hace referencia a la capacidad humana para escoger aquello que sea de la mejor calidad.

923. **Entre la tuerta y la coja, métase el diablo y escoja.**
A veces la persona se encuentra en situaciones donde debe escoger entre dos elementos, ninguno de los cuales le satisface.

924. **No son todos los que están, ni están todos lo que son.**
Se oye en referencia a una agrupación o clasificación a la cual pertenecen algunos, pero están otros ausentes, a la luz de características específicas.

925. **Unos van a los maitines y otros van a "maitinear".**
Este refrán señala las diferencias que se observan en las personas que acuden a una misma actividad, ya sea de carácter social o religioso.

## Sensatez

926. **Es bueno tener de más pero es mejor tener lo necesario.**
Estas palabras aconsejan al consumidor a adquirir lo que necesita y no en respuesta a un ímpetu irreflexivo de poseer.

## Sentimiento

### 927. *Cada gorrión tiene su corazón.*
Constituye un recordatorio sobre el hecho de que cada persona tiene sentimientos.

## Silencio

### 928. *La mejor palabra es la que no se dice.*
En situaciones difíciles cuando se desea comunicar un sentimiento a otra persona las palabras parecen inadecuadas. Por lo tanto el no pronunciarlas y permanecer callado resulta a veces más efectivo.

## Soberbia

### 929. *La corrupción es arrogante.*
Se puede observar, en ocasiones, la actitud orgullosa y altiva de personas que han sido señaladas públicamente por actos criminales.

## Soledad

### 930. *Nadie está por nadie.*
Indica el desamparo que sienten algunas personas cuando carecen del amor y apoyo de otros.

### 931. *Uno solo no es nadie.*
Se oye decir que la persona sola, al correr el tiempo, no puede apreciar su propia existencia a través de las reacciones o respuestas de otros a su pensar, decir, sentir y actuar.

## Solución

### 932. *El tiempo es una buena medicina para todo (o el tiempo todo lo cura).*
El transcurso de días, meses y años va aliviando el dolor o

la angustia provocados en la persona por las contingencias del vivir.

### 933. *Menos perros, menos pulgas.*

Se oye decir este refrán en tono de menosprecio o en reciprocidad por haber recibido un desaire de parte de amistades o familiares.

### 934. *Muerto el perro, se acabaron las pulgas.*

Se usa en sentido despectivo para señalar que rota la relación insatisfactoria con otra persona se termina la incomodidad.

### 935. *Si la muerte no lo embellece hay que velarlo boca abajo.*

Este refrán de tono bromista se usa para recalcar la poca atracción física de una persona y la esperanza de que lo que no tuvo en vida pueda poseerlo en la muerte.

### 936. *El que no se consuela es porque no quiere.*

Se dice al observar los problemas de otras personas, aconsejando sobrellevar las penas propias ya que siempre habrá quien esté peor.

### 937. *En pelea de matrimonio, que se meta el demonio.*

No es tarea fácil inmiscuirse en disputas matrimoniales aunque se tengan las mejores intenciones. Cada cónyuge cree tener la razón y por ello sentirse ofendido o víctima. El alboroto y la discordia son tan grandes que la casa parece un infierno.

### 938. *Esa es la madre del cordero.*

Expresión que se usa cuando se encuentra la causa, el quid a la dificultad, de un problema o la explicación de un asunto.

## Sospecha

### 939. *Antes se coge a un mentiroso que a un cojo.*

La persona habitualmente mentirosa pronto se da a conocer, pues por no recordar lo que ha dicho se le pilla en sus enredos.

**940. Tiene la mosca detrás de la oreja.**
Sugiere que la persona está preocupada pues sospecha que pueda sucederle algo desagradable.

**941. Algo tiene el agua cuando la bendicen.**
Se usa para levantar sospecha y estimular un estado de alerta ante las alabanzas o murmuraciones de otros.

**942. Cuando el río suena, agua lleva.**
Estas palabras se usan con la intención velada de sancionar un chisme. Es decir, se insinúa maliciosamente que se está de acuerdo, pero sin comprometerse claramente con su contenido.

**943. El amor es ciego, pero los vecinos no.**
Lanza una voz de alerta ante la curiosidad que se atribuye a los vecinos sobre la vida de los demás.

**944. El cuento de los bobos se acabó...**
Este refrán se oye cuando alguien desea recalcar que ya no se le va a engañar más, pues ha aprendido a no creer falsedades.

**945. Las paredes tienen oídos y los montes ojos.**
Se recomienda un gran cuidado al compartir un secreto ya que puede haber una persona que lo oiga.

**946. Pájaro que no canta, algo tiene en la garganta.**
Manifiesta una inquietud curiosa ante el mutismo de la persona que no habla sobre un asunto determinado.

## Subjetividad

**947. Todo depende del color del cristal con que se mira.**
La observación de personas o cosas se hace bajo la influencia de la cultura, del pasado, del estado físico y anímico y aún de las circunstancias en el momento en que se mira.

## Suerte

948. *Desgraciado en el juego, afortunado en amores; o desgraciado en amores, afortunado en el juego.*
Postulados o creencias del pueblo que responden a tradiciones fabulosas o mitos culturales.

## Suficiencia

949. *Para muestra con un botón basta.*
En circunstancias agravantes un sólo incidente puede bastar para apreciar la seriedad de las mismas; por lo tanto, resulta innecesario y podría ser contraproducente el recibir una avalancha de evidencias.

## Superficialidad

950. *La onda en la superficie no muestra la profundidad del lago.*
El ser humano no siempre manifiesta la intensidad de sus sentimientos.

## Sustitución

951. *A quien Dios no le da hijos, el diablo le da sobrinos.*
Algunas personas que no han asumido ciertas responsabilidades, a menudo, se ven obligadas a desempeñarlas.

952. *Rey muerto, rey puesto.*
Se escucha en son de censura ante el comportamiento de una viuda, o novia, o de alguien que, habiendo perdido el ser que le daba sostén o seguridad, rápidamente lo reemplaza. Sugiere que a una situación adversa se le saca provecho.

## Talento

953. *Tiene más registro que un cuatro.*

El registro en este refrán se refiere, en sentido musical a las voces del instrumento. Se usa la frase para indicar que determinada persona tiene mucho alcance por su talento.

953½ *Te Amo ... you know...*

## Temeridad

954. *Darse con la frente sobre la laja.*

Repetir una actuación o comportamiento que es perjudicial sin considerar otras alternativas menos dolorosas, es una terquedad.

955. *El que nace barrigón aunque lo fajen...*

Este refrán se refiere a la dificultad que se observa en algunas personas para cambiar su comportamiento a pesar de los escarmientos sufridos.

956. *Es como machacar en hierro frío.*

Se observa, a veces, en la persona una actitud infranqueable, o inconmovible a pesar de los esfuerzos que se hagan para que cambie.

957. *Patada de yegua no mueve caballo.*

La conducta agresiva de una persona dirigida hacia otra, con el propósito de hacerle cambiar su postura, no siempre tiene éxito.

958. *La zorra mudará los dientes, pero no la mente.*

La persona astuta que tiene un propósito persistirá en su empeño, sin alterar su intención.

## Temor

959. *Si le coges miedo a los ojos, no te comes la cabeza.*

Existen trabajos difíciles y si de primera intención se les coge miedo se quedarán sin hacer.

**151**

## Tentación

### 960. *La ocasión hace al ladrón.*

Este refrán recomienda el evitar circunstancias que puedan inducir a cometer una falta o delito y, por ende, a tomar las precauciones debidas para evitarlas.

## Tiempo

### 961. *De aquí a allá mareas corren.*

El transcurso de las horas entre un acontecimiento y otro, supone una larga espera.

### 962. *Lo mejor que hizo Dios fue un día después de otro.*

Constituye un consuelo para aquellas personas que necesitan o desean que el tiempo pase para que se resuelva un problema importante.

### 963. *Más larga que la esperanza de un pobre.*

Este refrán describe la larga espera que puede tomar la solución de una situación penosa.

### 964. *No por mucho madrugar amanece más temprano.*

Puede suceder a veces, que aunque se aceleren los esfuerzo por lograr algo, no se tiene éxito.

### 965. *¿Por qué preocuparse por medios días habiendo días enteros?*

A veces la persona ante las tensiones del vivir cotidiano cae en un actuar precipitado, manifestando una actitud casi habitual de que no tiene tiempo. Si se pudiese controlar podría apreciar que se dispone de más tiempo del que suponía.

### 966. *El tiempo es oro.*

Hace relucir el gran valor del tiempo en las actividades humanas.

**967. *Todo en la vida pasa.***
Recuerda a la persona que como nada es eterno en el vivir, las penas y también las alegrías tienen su fin.

**968. *A la corta o a la larga con el tiempo todo se alcanza.***
Anuncia que tarde o temprano, las dificultades se pueden resolver o remediar.

**969. *La enfermedad entra en coche pero sale a pie.***
La enfermedad, a veces, sorprende a una persona por la rapidez de su desarrollo, pero la recuperación incomoda por su lentitud.

**970. *Hoy fuiste, mañana serás.***
Este refrán se refiere a los cambios que se producen en el ser humano a lo largo de los años.

**971. *El tiempo todo lo cura y lo muda.***
Es consuelo ante el cambio constante de las circunstancias humanas.

**972. *Tiempo, mujer y fortuna, pronto se mudan.***
Es igual al anterior, número 971.

## Tolerancia

**973. *En cualquier sitio se cuecen habas.***
Este refrán se utiliza en ocasiones cuando se desea restar la importancia de algún comportamiento que aunque resulta reprochable se observa con frecuencia.

## Trivialidad

**974. *Eso no vale las orejas llenas de agua.***
Este dicho invita a no pasar trabajos por empeños que no valen la pena.

## Valentía

### 975. *A grandes males, grandes remedios.*
Disposición firme y decidida encaminada a resolver problemas determinados en el grado o medida que éstos lo ameriten.

### 976. *A mal tiempo buena cara.*
Actitud de valor y buena disposición para afrontar situaciones difíciles.

### 977. *Quien da primero, da dos veces.*
La persona que en una lid se adelanta, podrá estar en mejor posición para superar a otros.

### 978. *Quién no habla, Dios no lo oye.*
Ofrece estímulo a la persona tímida para que exprese su sentir y, por ende, pueda ser complacido.

### 979. *Se defiende como gato boca arriba.*
Estas palabras describen el arrojo con que una persona afronta una situación amenazante, de cualquier naturaleza.

### 980. *Quien no se arriesga no cruza el mar.*
Explica que para llegar a una meta determinada la persona tiene que ser osada. Por lo tanto, el miedoso no puede llegar lejos.

### 981. *¿Y quién le pone el cascabel al gato?*
Existen situaciones en la vida de la gente en las cuales una persona juega un papel sumamente importante, pero no es fácil acercarse a ella, por lo tanto el hacerlo requiere valor y entereza. Este refrán también se refiere, en general, a circunstancias muy difíciles o agobiadoras.

## Vanidad

### 982. *Se le fueron los humos a la cabeza.*
A veces cuando una persona alcanza un status superior

cambia en su manera de ser. No se relaciona con los que eran sus amigos y se da aires de gran señor o señora.

983. *¿De cuándo acá, Mariquita con guantes?*
Este refrán se usa para cuestionar el comportamiento tonto o casquivano de una persona, que sorprende a otros en un momento dado.

984. *Alábate pollo que mañana te guisan.*
Dícese de la persona que vale poco y se ensalza a sí misma por cosas sin importancia.

985. *Borrico del carbonero, siempre se nombra primero.*
El arrogante o soberbio, que se refiere a sí mismo en todo momento, se hace despreciable y se empequeñece ante los demás.

986. *Mucho ruido y pocas nueces.*
Este refrán se refiere al uso excesivo de acciones o palabras carentes de significación para llamar la atención.

## Venganza

987. *Ojo por ojo y diente por diente.*
Refleja la actitud de desquite planeado de una persona para con aquella que le ha hecho algún daño.

988. *Palo dado tiene desquite.*
Propone que el golpe físico o emocional que una persona recibe de otra no debe pasar sin su merecido.

## Ventaja

989. *En el país de los ciegos, el tuerto es rey.*
En una situación de escasez para un grupo de personas, las

que tengan aunque sea un poco más, son ubicadas en una posición privilegiada. Este refrán se dice en relación a la ignorancia y otras limitaciones.

990. *Cuando el parto sale derecho cualquier comadrona es buena.*
Cuando los empeños o trabajos se dan fácilmente cualquier persona resulta experta.

## Verdad

991. *Llamar al pan, pan, y al vino, vino.*
Se recurre a estas palabras refraneras cuando se desea que la persona diga las cosas como son, con verdad, dejando de hablar con rodeos es decir, con sinceridad y claridad.

992. *Eso es una verdad como un templo.*
Reflexión sobre lo que se juzga irrebatible.

## Vigilancia

993. *¡Ojo al Cristo que es de plata!*
Este refrán constituye   una voz de alerta ante algo que por su valor material, sentimental o humano debe protegerse.

## Voluntad

994. *Casamiento y mortaja del cielo bajan.*
Presume que no es fácil acertar un buen casamiento, por lo que conviene dejarlo en la mano de Dios, como se hace con la muerte.

995. *Cuando Dios no quiere, santos no pueden.*
Hace resaltar el poder de Dios ante el cual los virtuosos se

doblegan. Cuando una voluntad mayor no es benigna, de nada valen los intermediarios.

**996. *El testamento se hace al gusto del testador.***
Estas palabras destacan el respeto que se debe tener a la voluntad, o sea, a los deseos, pareceres u opiniones de otras personas.

**997. *Nadie se muere hasta que Dios quiere.***
Se afinca en la posición de que la muerte sucede por voluntad de Dios, por lo tanto da consuelo en la pérdida de seres queridos y esperanzas cuando se tienen enfermos de gravedad en la familia.

**998. *Quien hace lo que quiere, no hace lo que debe.***
Censura a la persona que desea siempre hacer su voluntad, lo cual no resulta justo para otros.

**999. *Los parientes se aceptan, las amistades se escogen.***
La persona no puede determinar por voluntad propia quiénes han de ser sus parientes ya que nace en un grupo familiar prescrito. Las amistades, por el contrario, sí pueden · seleccionarse a gusto de cada cual.

**1000. *Más hace el que quiere que el que puede.***
Se observa en ocasiones que personas con el talento para hacer una obra no lo logran porque no quieren, sin embargo, otras la llevan a cabo impulsadas por su empeño y determinación.

# BIBLIOGRAFÍA

## En General

Acuña, L.A. *Refranero colombiano.* Bogotá: Biblioteca de Folklore Colombiano, 1947.

Aguilera, Miguel. *Teoría ideológica del refrán,* Biblioteca de Autores Cristianos, XXI, Núm. 86, (1971), pp. 5-22.

Amades, Juan. *Refranyer catalá comentat,* Barcelona: Selecta, 1951.

Arbeola, Víctor Manuel. "Frailes, curas y monjas en el refranero español." *Ciervo,* 241 (Marzo 1974): 14-15.

Arestes, Lloréns. *Refranes.* Barcelona: Bruguera, 1956.

Barrick, Mac F. "Francisco de Espinosa, Refranero (1527-1547), Madrid 1968", *Hoja Literaria,* XXXIX. 3 (1971): 322-324.

Bergua, José. (Compilación) *Colección de ocho mil refranes populares, orientados, concordados y explicados, precedida del Libro de Proverbios Morales de Alonso de Barros,* Séptima Edición. Madrid: Ediciones Ibéricas, 1968.

Besso, H.V. "A further contribution to the refranero jude-español", *Bulletin Hispanique.* XXXVII (1935): 209-219.

Biaggi, Virgilio. *Las Aves de Puerto Rico,* Río Piedras, P.R.: Editorial de la Universidad de Puerto Rico, 1970.

Cabanellas, Guillermo. *Repertorio jurídico de locuciones, máximas y aforismos latinos y castellanos.* Buenos Aires. Editorial Bibliográfico, 1959.

159

Cabrera, Lydia. *Refranes de negros viejos.* La Habana, 1955.

Cannobio Galdames, Agustín. *Refranes chilenos.* Barcelona: Imprenta, litografía y encuadernación, 1901.

Carrizo, Jesús María. *Refranerillo de la alimentación del norte argentino.* Buenos Aires: Editorial Arandu, 1958.

Castillo de Lucas, A., "Refranero médico de los pecados capitales y sus opuestas virtudes", Zaragoza, *Clínica y Laboratorio,* LXVI (1958): 392-400.

_____. "El ocio y la ociosidad: la fiesta y el festejo a través de los refranes españoles", *Revista Española de Teología,* XI (1968): 327-349.

_____. "Refranes de maternología en la filosofía vulgar de Juan de Malara, siglo XVI", *Folclore,* Espíritu Santo, Brasil, 83 (1967): 10-11.

_____. "Ensayo Antropológico del Marqués de Santillana y de su Refranero", *Archivo Iberoamericano de la Historia de la Medicina y Antropología Médica,* Vol. XI, Fase 3, MCMLIX.

_____. *Medicina en refranes.* Madrid: Publicaciones de Temas Españoles, 1956.

Conde, Manuel E. (Editor). *Dichos ciertos... y ciertos dichos.* México: Costa Amic., 1971.

Correas, Gonzalo. *Vocabulario de refranes y frases proverbiales y otras fórmulas de la lengua castellana.* Madrid: José Orrúa, 1906.

Corso, Felipe (editor). *Refranero español.* Madrid: 1957.

Craveiro de Silva, L. "A ética nos provérbios populares portugueses", *Revista Portuguesa de Filosofía Braga,* XIII, 15 (1957). Suplemento bibliográfico.


Díaz Alfaro, Abelardo. *Terrazo,* San Juan, P.R., 1978.

Di Filippo, Luis. *Antología humorística del refranero.* Santa Fe. Universidad de Santa Fe, 64 (1956): 374.


Espinosa, Francisco. *Refranero.* Madrid: Edición Eleanor S. O'Kane, Aguirre, 1968.

Frank Alatorre, M. "Refranes cantados y cantares proverbializados",
*Nueva Revista de Filología Hispánica*. (México) 15 (1961):
155-168.

Gallegos Gallegos, Federico. *Antología de proverbios españoles
y mexicanos*. México: Centro Universitario, 1956.

Gluski, Jerzy, (Editor). *Proverbs*. New York: Elsevier, 1971.

Gómez Tabanera, José Manuel. *Refranero español*. Segunda
Edición. Madrid: Publicaciones Españolas, 1959.

González Reboredo, J.M., "Refranes toresanos", *Revista de
Dialectología y Tradiciones Populares*. 29 (1973): 169-178.

Gutiérrez Ballesteros, José María. *Paremiología flamenca*. Madrid:
La Arcadia, 1957.

Iribarren, José María. *El porqué de los dichos. Sentido, origen y
anécdota de los dichos, modismos y refranes proverbiales de
España*. 2a. edición, Madrid: Aguilar, 1956.

Johnson, James Henry. *The Proverb in the Medieval Spanish*.
"Exempla" - Tesis de la Universidad de North Carolina, 1958.

Jones, Joseph. "Francisco Rosal: La Razón de Algunos Refranes",
*Hispanic Review*. XLVI. 4 (1978): 495-496.

Lida, Denah. "Refranes judeo-españoles de Esmirna", *Nueva
Revista de Filología Hispánica*. XII (1958): 1-35.

Madueño, Raúl R. *Lo báquico en el refranero mexicano*. Buenos
Aires: Optimus, 1956.

Maldonado, Felipe C.R. (Editor). *Refranero clásico español y
otros dichos populares*. Segunda Edición. Madrid: Taurus,
1966.

Martínez Delgado, Luis. "Los refranes expresiones de sabiduría
popular", *Biblioteca Autores Cristianos*. XXI. 87 (1971): 159-
176.

Mora, Ismael. *Refranero*. Buenos Aires: Imprenta de la Universidad
de Buenos Aires, 1944.

Orestes, Lloréns. *Refranes más (Los) populares y su explicación.* Buenos Aires: Editorial Bruguera, 1956.

Ramírez Sendoya, Pedro José. *Refranero comparado del Gran Tolima.* Bogotá: Editorial Minerva, 1952.

*Refranes castellanos y frases.* Colección por P.J.V. (Criptónimo de Pedro Juan Vicéns). Palma de Mallorca: Tipografía y Litografía de Bartolomé Rotger, 1900.

*Refranero español.* Primera selección. Incluye la colección del marqués de Santillana y los refranes glosados. Selección, prólogo y notas de Félix F. Corzo, Buenos Aires: Editorial Perlado, 1942.

*Refranero español.* Introducción, selección y notas de Federico Carlos Sainz de Robles. Madrid: Aguilar, Colección Crisal, 1950.

Rielo, Caraballo N. "Refranero popular de Carballalledo", *Revista de Dialectología y Tradiciones Populares,* 28 (1972): 145-156.

Rodríguez Barco, R. "Refranero y dichos populares", *Revista Valenciana de Filología.* 1 (1968): 45-47.

Rodríguez Demorizi, Emilio. *Refranero dominicano.* Roma: Sab. Tipo. G. Menaglia, 1950.

Sánchez Escribano, Federico y Antony Pasquariello. *Más personajes, personas y personillas del refranero español.* New York: Hispanic Institute, 1959.

Sánchez Guarner, M. *Calendario de refranes.* Barcelona: Barcino, 1951.

Santos González, María Carmen. *Citas y refranes célebres.* Barcelona: Bruguera, 1973.

Sintes Pros, Jorge. *Diccionario de aforismos, proverbios y refranes con equivalencias en cinco idiomas,* Segunda Edición. Palma de Mallorca: 1958.

Suñé Benages, Juan. *Refranero clásico.* México: Editora Nacional, 1973.

Tavera, José María. *Refranero español.* Barcelona: Rodegar, 1968.

Velasco Valdés, Miguel. *Refranero mexicano*. México: 1961.

Villafuerte, Carlos (Editor). *Refranero de Catamarca*. Buenos Aires: Academia Argentina de Letras, 1972.

## En relación con Puerto Rico

Canino, Marcelino. "Modismos, refranes y frases populares en el habla de Puerto Rico", *Penélope o el otro mundo*. Noviembre 1972, Enero 1973, 1, 2, pp. 33-39.

_____. "Refranes y Modismos de Puerto Rico", *La Gran Enciclopedia de Puerto Rico*, Tomo 12: *El Folklore en Puerto Rico*. Madrid: Ediciones 1976, pp. 333-341.

Carrillo Romero, Ricardo. "Modismos y refranes del hablar popular en Vieques", *Revista del Instituto de Cultura Puertorriqueña*, Vol. XIII, Núm. 49, (Octubre-Diciembre 1970), pp. 25-32.

Cruz de Rivera, Lydia. *Modismos puertorriqueños*. Disertación presentada a la facultad de Estudios Hispánicos como requisito parcial para el grado de Maestro en Artes en la Universidad de Puerto Rico, diciembre de 1950.

Escabí, Pedro C. "Refranero". En *Vista parcial del folklore de Puerto Rico*. Río Piedras, P.R.: Centro de Investigaciones Sociales, Universidad de Puerto Rico, 1970, pp. 152-162.

Esteves, Luis Raúl. "¡Qué Cosa! Entra por la manga...", *El Mundo*, San Juan, Puerto Rico, viernes 9 de julio de 1954. p. 6.

_____. "¡Qué Cosa!, Verdad de un refrán". *El Mundo*, San Juan, Puerto Rico, martes 18 de agosto de 1953, p. 6.

Janer, Felipe. *Gramática castellana*, New York: Silver, Burdit and Company, 1919.

Jorge Morel de Pérez, Elercia. *Refranes y modismos de San Domingo y Puerto Rico*. Tesis de Maestría, Universidad de Puerto Rico, 1963.

Malaret, Augusto. *Vocabulario de Puerto Rico,* Segunda Edición. New York: Las Américas Publishing Co., 1967.

_____. "Burlerías del idioma", *Boletín de la Academia Argentina de Letras,* 21 (1965): 405-428.

Monserrat y Simó, Damián. *Refranero de la previsión y el ahorro.* Selección de máximas y refranes populares, frases sentenciosas y aforismos expresivos de la virtualidad del ahorro en sus diversos grados, para inculcar esa virtud en la niñez y las clases laboriosas, San Juan, Puerto Rico: Imprenta Venezuela, 1948.

Pedreira, Antonio S. *Insularismo.* San Juan, Puerto Rico: Biblioteca de Autores Puertorriqueños, 1946.

Rosa Nieves, Cesáreo. *Voz folklórica de Puerto Rico.* Sharon, Connecticut: Trontman Press, 1967.

Serra Deliz, Wenceslao. *El refrán.* Disertación presentada ante la facultad de Estudios Hispánicos como uno de los requisitos para el grado de Maestro en Artes, Universidad de Puerto Rico, abril de 1973.

Sopena, Iter. de *Refranes y frases populares.* Barcelona: Editorial Ramón Sopena, S.A., 1984.

Suñé Benages, Juan. *Refranero Clásico.* México: Editorial Nacional, 1973.

# ANEJO
## FRECUENCIAS DE
## CONCEPTOS BÁSICOS

# Frecuencias de conceptos básicos

| Concepto | Frecuencia |
|---|---|
| **A** | |
| Abatimiento | 4 |
| Abundancia | 1 |
| Abuso | 4 |
| Aceptación | 2 |
| Acierto | 3 |
| Actuación | 1 |
| Adaptación | 7 |
| Adecuación | 4 |
| Advertencia | 10 |
| Ahorro | 4 |
| Alejamiento | 2 |
| Amabilidad | 1 |
| Ambición | 1 |
| Amistad | 5 |
| Antecedencia | 1 |
| Añoranza | 2 |
| Apareamiento | 1 |
| Apariencia | 13 |
| Aprecio | 3 |

# H

# I

## R

| | |
|---|---|
| Resentimiento | 2 |
| Respeto | 1 |
| Reto | 6 |
| Riesgo | 7 |

## S

| | |
|---|---|
| Sabiduría | 5 |
| Selectividad | 8 |
| Sensatez | 1 |
| Sentimiento | 1 |
| Silencio | 1 |
| Soberbia | 1 |
| Soledad | 2 |
| Solución | 7 |
| Sospecha | 8 |
| Subjetividad | 1 |
| Suerte | 1 |
| Suficiencia | 1 |
| Superficialidad | 1 |
| Sustitución | 2 |

## T

| | |
|---|---|
| Talento | 1 |
| Temeridad | 5 |
| Temor | 1 |
| Tentación | 1 |
| Tiempo | 12 |
| Tolerancia | 1 |
| Trivialidad | 1 |

## V

| | |
|---|---|
| Valentía | 7 |
| Vanidad | 5 |
| Venganza | 2 |
| Ventaja | 2 |
| Verdad | 2 |
| Vigilancia | 1 |
| Voluntad | 7 |